2020

中国粮食和物资储备发展报告

REPORT ON FOOD AND STRATEGIC RESERVES DEVELOPMENT IN CHINA 2020

国家粮食和物资储备局　主编

经济管理出版社
ECONOMY & MANAGEMENT PUBLISHING HOUSE

图书在版编目（CIP）数据

2020 中国粮食和物资储备发展报告 / 国家粮食和物资储备局主编 . — 北京：经济管理出版社，2020.10
ISBN 978-7-5096-7555-7

Ⅰ.①2…　Ⅱ.①国…　Ⅲ.①国家物资储备—研究报告—中国—2020　Ⅳ.① F259.21

中国版本图书馆 CIP 数据核字（2020）第 169233 号

组稿编辑：张广花
责任编辑：张　艳　张广花
责任印制：黄章平
责任校对：陈晓霞

出版发行：经济管理出版社
　　　　　（北京市海淀区北蜂窝 8 号中雅大厦 A 座 11 层　100038）
网　　址：www.E-mp.com.cn
电　　话：（010）51915602
印　　刷：廊坊市海玉印刷有限公司
经　　销：新华书店
开　　本：889mm×1194mm/16
印　　张：12.25
字　　数：251 千字
版　　次：2020 年 10 月第 1 版　2020 年 10 月第 1 次印刷
书　　号：ISBN 978-7-5096-7555-7
定　　价：150.00 元

编 委 会

目　录

2019 年中国粮食和物资储备发展概述　　1

专栏1　《中国的粮食安全》白皮书发表　　4
专栏2　庆祝中华人民共和国成立70周年系列活动　　6

第一部分　粮食生产

一、粮食生产概述　　10
二、粮食生产品种结构　　10
三、粮食生产地区布局　　11
四、主要粮食品种生产成本分析　　13
五、粮食生产能力建设　　15

第二部分　粮食市场供求与价格

一、粮食市场总体概述　　20
二、小麦市场供求与价格　　20
三、稻谷市场供求与价格　　23
四、玉米市场供求与价格　　26
五、大豆市场供求与价格　　28
六、食用油市场供求与价格　　31

第三部分　粮食宏观调控

一、政策性粮食收购　　34
二、粮食储备及轮换　　34
三、粮情监测预警　　35
四、粮食产销合作　　36
五、粮食市场交易　　37
专栏3　2019年第二届中国粮食交易大会　　38

第四部分　粮食流通和储备监管

一、粮食仓储管理　　42
二、粮食流通秩序规范　　43

目 录

专栏 4　中央事权粮食政策执行和中央储备粮管理考核　　46
三、粮食质量安全监管　　48
专栏 5　全国政策性粮食库存数量和质量大清查　　50

第五部分　粮食质量标准

一、总体状况　　54
二、主要粮食品种收获质量　　54
三、优质和专用粮食品种质量　　57
专栏 6　"粮安工程"　　59
四、粮食标准化　　61
五、团体标准　　63

第六部分　粮食流通体系建设

一、粮食仓储物流体系　　66
二、粮食应急保障体系　　66
三、粮食产业经济发展　　67
专栏 7　"优质粮食工程"　　70

第七部分　粮食流通体制改革

一、粮食流通体制改革概述　　74
二、粮食安全省长责任制考核　　76
三、粮食收储制度改革　　77
四、国有粮食企业经营与管理　　77

第八部分　棉花和食糖储备

一、棉花和食糖市场运行　　80
二、棉花储备管理　　81

第九部分　物资储备

一、战略物资储备管理　　84

目 录

二、救灾应急物资储备管理　　　　　　　　85
三、物资储备基础设施建设　　　　　　　　87
四、仓储安全管理及安改建设　　　　　　　87

第十部分　能源储备

一、我国能源形势　　　　　　　　　　　　92
二、能源储备管理　　　　　　　　　　　　92
三、石油储备能力建设与发展　　　　　　　93

第十一部分　科研咨询与行业发展

一、科研咨询　　　　　　　　　　　　　　96
专栏8　"科技兴粮兴储"　　　　　　　　103
二、人才发展　　　　　　　　　　　　　105
专栏9　"人才兴粮兴储"　　　　　　　　108
三、粮食行业技能鉴定与职业教育　　　　109
专栏10　第五届全国粮食行业职业技能竞赛　111
四、行业系统信息化建设　　　　　　　　113

第十二部分　节粮减损与援疆援藏

一、节粮减损行动　　　　　　　　　　　116
二、粮食安全宣传教育　　　　　　　　　117
专栏11　2019年世界粮食日和全国粮食安全宣传周　119
三、支援地方与援疆援藏　　　　　　　　121

第十三部分　对外开放与国际合作

一、粮棉糖进出口　　　　　　　　　　　124
二、对外交流与合作　　　　　　　　　　125

附　录

一、2019年大事记　　　　　　　　　　　130

目　录

二、2019/2020 年度国际粮油市场回顾　　　　　　　　　139

三、联合国粮农组织（FAO）2020 年全球粮食形势展望　　143

四、粮食行业统计资料　　　　　　　　　　　　　　　162

  1. 全国主要粮食及油料播种面积 (1978~2019 年)　　163

  2. 全国主要粮食及油料产量 (1978~2019 年)　　　164

  3. 全国主要粮食及油料单位面积产量 (1978~2019 年)　165

  4. 各地区粮食播种面积（2018~2019 年 ）　　　166

  5. 各地区粮食总产量（2018~2019 年 ）　　　167

  6. 各地区粮食单位面积产量（2018~2019 年 ）　　168

  7. 2019 年各地区粮食及油料播种面积和产量（一）　169

  7. 2019 年各地区粮食及油料播种面积和产量（二）　170

  7. 2019 年各地区粮食及油料播种面积和产量（三）　171

  8. 2019 年各地区粮油产量及人均占有量排序　　172

  9. 2019 年各地区人均粮食占有量　　　　　173

  10. 2019 年各地区人均农产品占有量　　　　174

  11. 2019 年分地区粮食产业主要经济指标情况　　175

  12. 2019 年分地区粮食产业生产能力汇总　　　176

  13. 粮食成本收益变化情况（1991~2019 年 ）　　177

  14. 国有粮食企业主要粮食品种收购量（2005~2019 年 ）　178

  15. 国有粮食企业主要粮食品种销售量（2005~2019 年 ）　179

  16. 全国粮油进口情况（2001~2019 年 ）　　　180

  17. 全国粮油出口情况（2001~2019 年 ）　　　181

  18. 国民经济与社会发展总量指标（1978~2019 年 ）（一）　182

  18. 国民经济与社会发展总量指标（1978~2019 年 ）（二）　183

后　记　　　　　　　　　　　　　　　　　184

2019 年中国粮食和物资储备发展概述

2019 年是中华人民共和国成立 70 周年，是全面建成小康社会关键之年，也是粮食和物资储备事业发展历程中十分重要的一年。全国粮食和物资储备系统以习近平新时代中国特色社会主义思想为指导，认真学习贯彻党的十九大和十九届二中、三中、四中全会精神，深入落实总体国家安全观和国家粮食安全战略、乡村振兴战略，加快构建更高层次、更高质量、更有效率、更可持续的国家粮食安全和战略物资储备安全保障体系，粮食和物资储备安全保障能力进一步增强。

一、改革完善制度机制，增强国家粮食安全治理能力

中央全面深化改革委员会第八次会议审议通过《关于改革完善体制机制加强粮食储备安全管理的若干意见》，完善了与我国经济体制相适应的现代粮食储备制度框架。国家粮食和物资储备局随即推出建立协同联动机制等 10 项举措，并对负责牵头的 6 项、共同牵头的 8 项、参与的 2 项任务，逐项细化责任和具体要求，全力抓好贯彻落实。认真落实中央关于党和国家机构改革的有关规定，严格执行中央编办批复的机构设置方案，坚持"先立后破、谋定后动、稳中求进"的原则，顺利完成了垂管局更名挂牌、人员调整、职责承接等工作，实现了垂管系统职能定位、组织结构和管理体制的重构性改革。经中共中央组织部（以下简称"中组部"）批准，26 个垂管局党组全部改设为分党组，成为机构改革后首个在垂管单位全面设立分党组的系统。持续加大立法修规力度，《粮食安全保障法》已形成送审稿，起草领导小组审议并原则通过；《粮食流通管理条例（修订草案）》立法审查顺利进行。

二、聚焦储备核心职能，夯实防范化解风险物资基础

扎实开展全国政策性粮食库存数量和质量大清查，共抽调 1.3 万名检查人员，清查 2.1 万个库点，全面摸清查实库存"家底"，建立完善分区域、分性质、分品种、分库点、分货位的库存数据库，向党中央、国务院交上了一本"明白账"。不断完善粮食安全省长责任制考核的常考常新、日常监督、问题整改等机制，充分发挥"指挥棒"作用，各地重视程度不断提高，十余省（区、市）列入省级目标管理考核或重点督查事项。首次开展中央事权粮食政策执行和中央储备粮管理年度考核，各垂管局认真开展实地考核，严格督促问题整改，有力促进了中央事权粮食政策执行和中央储备粮规范管理。信息化监管和信用监管水平不断提高，各地已有 4.5 万家粮食经营者、1.3 万名

检查人员分别纳入检查对象和执法队伍名录库，通过粮食行业抽查应用系统开展检查活动 113 次，12325 全国粮食流通监管热线累计接收投诉举报近 2 万件。安全稳妥实施重要战略物资收储核销，顺利完成原油出入库、中央储备成品油质量升级、储备棉轮出等工作，实现了大规模收储轮换作业和安全综合整治改造同步平稳运行。顺利承接中央防汛抗旱物资管理职责，印发突发事件总体应急预案，全年调运 11 批次 21 万件中央应急救灾物资，保障了灾区群众基本生活和生命财产安全。

三、做好市场和流通的文章，推动粮食产业高质量发展

以庆祝中华人民共和国成立 70 周年和第 39 个世界粮食日为契机，编制发表《中国的粮食安全》白皮书，协调开展配套主题宣传；时隔 23 年再次发表粮食安全白皮书，集中展现了我国保障粮食安全的伟大成就，系统宣示了我国粮食安全政府立场和政策主张，鲜明塑造了积极维护世界粮食安全的国际形象，突出彰显了在党的领导下端好中国人饭碗的战略自信，较好地稳定了社会预期，在国内外产生了积极而良好反响。制定出台《关于坚持以高质量发展为目标加快建设现代化粮食产业体系的指导意见》和《关于创新完善粮食"产购储加销"体系确保国家粮食安全的实施意见》，在河南省召开加快推进粮食产业经济发展第三次现场经验交流会，同期举办第二届中国粮食交易大会、加快推进粮食产业高质量发展报告会，粮食产业保持稳中向好发展态势。大力实施优质粮食工程，出台《关于深入实施"优质粮食工程"的意见》等"1+3"指导文件，累计投入中央财政资金近 200 亿元，带动地方和社会投资 550 多亿元。统筹抓好政策性收购和市场化收购，全年累计收购粮食 7900 亿斤，没有出现大范围"卖粮难"。坚决落实"六稳"要求，认真做好大豆保供稳市等工作，搞好粮食统计、监测分析和预期管理、精准调控，以稻谷为重点消化政策性粮食不合理库存，粮食市场运行总体平稳。

四、着力补"短板"、强弱项，提高管粮管储效率效能

认真落实粮食和物资储备"十三五"规划并适时进行评估；开展"十四五"前期课题和"大粮食""大储备"问题研究，形成一批有价值的成果。扎实推进粮食安全保障调控和应急设施专项，下达 30 亿元中央预算内投资，加大对仓储、物流、应急等项目支持力度，北京粮油应急保障中心、天津临港经济区粮油产业园、西安粮食交易集散中心、西南粮食城、中国—东盟粮食物流产业园、新疆粮食物流产业园区等项目加快建设。国家储备仓库安全综合整治提升三年行动全面深入推进，实现有关安全隐患突出问题整治全覆盖；石油储备基地二期 3 个项目投入试运行。大力推动全系统信息化建设，在安徽省召开现场经验交流会，印发《关于统筹推进粮食和物资储备信息化建设的指导意见》；互联互通和融合应用进度加快，国家平台与 23 个省（区、市）实现数据对接，粮库智能化升级改造完工率近 60%。出台关于改革粮食和物资储备标准化工作的意见，建立物资储备标准化协调机制，发布 37 项粮食行业标准和 3 项国际标准。

五、坚持以政治建设为统领，推进党建业务深度融合

认真学习贯彻党的十九届四中全会精神，举行中心组集体学习、组织观看宣讲报告会、举办专题辅导报告、印发实施意见，将全会精神贯穿到粮食和物资储备改革发展全过程。围绕落实习近平总书记在省部级主要领导干部专题研讨班等重要讲话和考察江西、河南等地重要指示，出台牢记初心使命推动改革发展、粮食产业高质量发展和加强党组自身建设、机关党建等措施文件。制定并严格落实《关于进一步做好习近平总书记等党中央、国务院领导同志重要批示件办理工作的意见》，认真执行请示报告制度，及时向党中央、国务院和国家发展和改革委员会党组请示报告工作。按照党中央统一部署，以学习贯彻习近平新时代中国特色社会主义思想为主线，深入扎实开展"不忘初心、牢记使命"主题教育，强化理论武装，锤炼忠诚品格，激发担当精神，增强宗旨意识，深化正风肃纪，达到了预期效果。严格落实中央八项规定及其实施细则精神，着力整治形式主义、官僚主义，倡导"大学习、深调研、真落实"。组织评选粮食和物资储备系统先进集体、先进工作者（劳动模范）和干事创业好团队、担当作为好干部，树立了干事创业鲜明导向，营造了改革发展浓厚氛围。

撰稿单位：国家粮食和物资储备局办公室
撰稿人：张亚龙
审稿人：方进

专栏 1 《中国的粮食安全》白皮书发表

粮食安全是国家安全的基础，是世界和平与发展的重要保障，关系人类永续发展和前途命运。中华人民共和国成立 70 年来，在中国共产党的领导下，中国依靠自身力量端牢自己的饭碗，实现了由"吃不饱"到"吃得饱"，并且"吃得好"的历史性转变，取得了举世瞩目的巨大成就，也为促进世界粮食安全做出了积极贡献。特别是党的十八大以来，以习近平同志为核心的党中央把粮食安全作为治国理政的头等大事，提出了"谷物基本自给、口粮绝对安全"的新粮食安全观，确立了以我为主、立足国内、确保产能、适度进口、科技支撑的国家粮食安全战略，走出了一条中国特色粮食安全之路。为全面展示中华人民共和国成立特别是党的十八大以来粮食事业发展取得的伟大成就，系统宣示我国粮食安全政府立场和政策主张，主动回应国际国内对我国粮食安全问题的高度关切，国家粮食和物资储备局会同国家发展和改革委员会、科技部、财政部、自然资源部、水利部、农业农村部、商务部、卫生健康委员会、海关总署、统计局、国际发展合作署，编制了《中国的粮食安全》白皮书。

2019 年 10 月 14 日下午 3 时，国务院新闻办公室举行新闻发布会，正式发表《中国的粮食安全》白皮书（以下简称"白皮书"）。发布会由国务院新闻办公室新闻发言人胡凯红主持，国家发展和改革委员会党组成员、国家粮食和物资储备局党组书记、局长张务锋，国家

发展和改革委员会副秘书长苏伟，国家粮食和物资储备局党组成员、副局长黄炜出席发布会，介绍和解读白皮书内容并回答记者提问。

白皮书约 1.2 万字，分为前言、中国粮食安全成就、中国特色粮食安全之路、对外开放与国际合作、未来展望与政策主张、结束语 6 部分。全文突出强调了国家粮食安全是头等大事的战略定位，体现了以人民为中心的发展思想；集中展现了保障国家粮食安全的伟大成就，彰显在中国共产党领导下依靠自身力量端好自身饭碗的战略自信；系统阐述了中国特色粮食安全之路，向国际社会贡献了保障粮食安全的中国方案；介绍了国际粮食合作的丰硕成果，表明积极维护世界粮食安全的大国担当；展望了未来粮食安全政策举措，为各方提供持续稳定的粮食安全发展预期。

白皮书发布后，在国内外引起强烈反响，获得舆论广泛关注和充分肯定。许多媒体刊发了白皮书全文，报道了发布会情况，行业专家纷纷对白皮书进行深度解读，发布宣传工作取得良好成效。从国内来看，人民群众对我国粮食安全取得的伟大成就有了更强的认可感和自豪感，白皮书在中华人民共和国成立 70 周年、第 39 个世界粮食日前夕的特殊时间节点有力有效地发挥了凝心聚力、振奋精神、释疑解惑的正面宣传效果。从国际来看，国际社会对我国依靠自身力量确保粮食供应，为维护世界粮食安全做出巨大贡献普遍表示赞赏，认为我国

为解决世界粮食安全问题和减少全球饥饿人口提供了"中国智慧"和"中国方案",树立了大国形象,彰显了大国担当。

撰稿单位:中国粮食研究培训中心
撰稿人:刘珊珊、张慧杰
审稿人:颜波、王世海

专栏 2 庆祝中华人民共和国成立 70 周年系列活动

2019 年是中华人民共和国成立 70 周年。隆重庆祝中华人民共和国成立 70 周年是全面贯彻落实习近平新时代中国特色社会主义思想和党的十九大精神的重要举措，是党和国家政治生活中的大事喜事。国家粮食和物资储备局认真落实党中央、国务院决策部署，加强领导、积极筹划，创新思路、注重实效，把庆祝中华人民共和国成立 70 周年与"不忘初心、牢记使命"主题教育结合起来，与贯彻落实"两决定一意见"结合起来，认真组织开展各项庆祝活动，弘扬爱国精神，凝聚奋斗力量，全力推动粮食和物资储备改革发展不断迈上新台阶、开创新局面。

（一）提高站位、强化保障，圆满完成重点任务

一是认真做好大型成就展相关布展工作。按照党中央、国务院安排部署，国家粮食和物资储备局上下动员，全力配合国家发展和改革委员会办好"伟大历程 辉煌成就——庆祝中华人民共和国成立 70 周年大型成就展"。按照展览大纲要求，细化责任分工、调度各方资源，圆满完成"建立国家物资储备制度""实行粮食统购统销制度""建立专项粮食储备制度""粮票退出历史舞台""建立粮食收购保护价格制度""'米袋子'省长负责制""第一个国家战略石油储备基地建成投产""第一个大型地下水封石洞油库建成投用"8 个历史成就条目的

设计策划、资料收集、模型制作、解说词撰写以及实地布展等任务。2019 年 11 月，组织机关及事业单位党员干部，赴北京市展览馆参观成就展，现场感受中华人民共和国成立 70 周年波澜壮阔的发展历程、感天动地的辉煌成就和弥足珍贵的经验启示，加强爱国主义教育，激发爱国热情，巩固放大"不忘初心、牢记使命"主题教育成果。

二是全力完成国庆 70 周年阅兵保障相关任务。国家粮食和物资储备局切实把思想和行动统一到党中央、国务院、中央军委的重大决策部署上来，提高政治站位，加强组织领导，局领导同志多次实地督导检查有关任务执行情况，指导工作开展；基层干部职工不讲条件、不计得失，大事面前显担当，为阅兵活动保障提供优质服务，确保万无一失。任务圆满完成后，阅兵联合指挥部后装保障组副组长送来"聚力阅兵、共筑辉煌"锦旗表示感谢。

（二）学习典型、展现风貌，持续营造良好氛围

一是开展学习模范典型活动。深入挖掘中华人民共和国成立 70 年来粮食和物资储备系统标志性代表集体和先进个人，加强宣传，弘扬先进事迹，进一步激励广大干部职工不忘初心、牢记使命，立足岗位、担当作为。2019 年 7 月，国家粮食和物资储备局举办向"身边的榜样"学习宣讲汇报会，邀请山东省滨州市

粮食和物资储备局党委书记、局长高玉华，国家粮食和物资储备局宁夏局五三六处党委副书记齐晖萍，舟山国家石油储备基地总经理助理耿军平，河北省柏乡国家粮食储备库主任尚金锁，四川省巴中市通江县铁佛粮站麻石库点职工蒲丽蓉，国家粮食和物资储备局江西局九三三、六七三处党委书记、处长饶冬华（时任）6 名来自基层的先进集体和个人代表，分别讲述所在单位或个人干事创业谋发展、立足岗位做贡献的典型事迹，引导全系统广大干部职工积极向"身边的榜样"学习。2019 年 9 月，国家粮食和物资储备局党组印发《关于深入学习张富清、尚金锁同志先进事迹——牢记初心使命加快改革发展的决定》，号召全系统广大干部职工学习张富清、尚金锁同志忠诚的政治品格、进取的拼搏精神、无私的奉献情怀、务实的工作作风，鼓足干劲、振奋精神，以优异成绩迎接中华人民共和国成立 70 周年。

二是开展网上知识竞赛和演讲比赛。2019 年 4 月，国家粮食和物资储备局在全系统开展了"牢记初心使命、推动改革发展"网上知识竞赛和主题演讲比赛。各地各单位广泛动员、精心组织，广大干部职工积极响应、踊跃参赛，2.9 万余人注册参加网上知识竞赛，60 余万人次在线答题；分别在国家粮食和物资储备局、河北、福建、四川 4 个赛区组织演讲比赛初赛，共有 78 名选手参赛，20 名选手进入决赛获得优胜。2019 年 10 月底至 12 月初，组织部分获奖选手组成巡回演讲团赴 29 个省（区、市）演讲 31 场，各地粮食和物资储备局（粮食局）、垂直管理局组织干部职工、离退休干

部代表和相关院校师生等 1.8 万余人观看，全国各地 120 余家新闻媒体对巡回演讲进行了报道，有力宣传了新时代粮食和物资储备系统干部职工牢记初心使命、勇于担当奉献、锐意改革进取的良好形象。网上知识竞赛和演讲比赛达到了以赛促学、以学促用，比学赶超、融合共进的预期目的，集中展示了开展"不忘初心、牢记使命"主题教育、学习贯彻"两决定一意见"的丰硕成果，持续营造了庆祝中华人民共和国成立 70 周年的良好氛围。

（三）紧贴实际、精心策划，积极开展丰富活动

一是举办庆祝中华人民共和国成立 70 周年图片展。2019 年 6 月，国家粮食和物资储备局在郑州国际会展中心举办全国粮食和物资储备系统庆祝中华人民共和国成立 70 周年图片展，集中展出中华人民共和国成立以来粮食和物资储备领域图片 500 余张、粮票 200 余张，生动展示了党和国家领导人关于粮食和物资储备的重要论述、粮食流通体制改革发展历程、国家粮食和物资储备机构历史沿革，以及 70 年来国家粮食和物资储备在服务宏观调控、基础设施建设、法制建设、科技创新、人才培养、文化建设、国际交流等方面取得的巨大成就，在服务"三农"、服务国防、应急保供、支援重大工程建设等方面发挥的重要作用，进一步提升广大干部职工对粮食和物资储备事业的荣誉感，激发新时代干事创业热情。

二是举办"我和我的祖国"主题书画展。2019 年 10 月，国家粮食和物资储备局举办以"我和我的祖国"为主题的全国粮食和物资储

备系统干部职工庆祝中华人民共和国成立 70 周年书画展，共展出各地各单位报送的 150 余幅优秀作品。参展作品紧密联系工作和生活实际，描绘中华人民共和国成立 70 年来翻天覆地的变化和全系统 70 年的辉煌成就，抒写了时代变迁和爱党爱国爱民情怀，展现了粮食和物资储备系统深厚文化底蕴和优良传统作风，表达了广大干部职工坚决扛稳国家粮食和战略物资储备安全重任的政治担当、历史担当、责任担当。

三是开展走访慰问活动。在中华人民共和国成立 70 周年之际，国家粮食和物资储备局局长张务锋、副局长曾丽瑛分别慰问了部分离休老干部，为他们颁发中共中央、国务院、中央军委制作的"庆祝中华人民共和国成立 70 周年纪念章"，赠送《我们不会忘记》离休干部纪念册，对老同志们为粮食和物资储备工作做出的贡献表达崇高的敬意和衷心的感谢。国家粮食和物资储备局离退休干部办公室对本级所有离休干部和垂管系统离休干部代表进行了走访慰问；各垂管局主要负责同志及有关人员走访慰问了本部门所属离休干部。

四是举行"迎国庆、升国旗、唱国歌"仪式。2019 年 9 月 29 日，国家粮食和物资储备局举行"迎国庆、升国旗、唱国歌"仪式，广大党员干部受到了一次深刻的爱国主义教育，进一步激发了爱国报国情怀，提升了干事创业的精神状态，激励和鞭策大家更加紧密地团结在以习近平同志为核心的党中央周围，以实际行动为国旗增辉、为事业添彩，推动粮食和物资储备改革发展，为保障国家粮食安全和战略应急物资储备安全做出新的更大贡献。

国庆前后，各省（区、市）粮食和物资储备局（粮食局）、各垂直管理局认真贯彻党中央决策部署，按照国家粮食和物资储备局《庆祝中华人民共和国成立 70 周年活动工作方案》要求，结合实际开展了一系列丰富多彩的庆祝活动，激发了广大干部职工的爱国热情，营造了干事创业、担当作为的浓厚氛围，同时，做好国庆期间各地粮油市场保障工作，牢牢守住安全稳定廉政"三条底线"，确保了国庆期间全系统的安全稳定。

撰稿单位：国家粮食和物资储备局办公室

撰稿人：刘思博、王珊

审稿人：方进、周海扬

第一部分
粮食生产

一 粮食生产概述

2019 年,各级农业农村部门认真学习贯彻习近平总书记关于"三农"工作重要论述,全面落实党中央、国务院决策部署,以实施乡村振兴战略为总抓手,紧紧围绕农业供给侧结构性改革主线,千方百计稳定粮食生产,多措并举调整优化结构,创新机制推动绿色发展,持续推进种植业转型升级和提质增效。

(一)面积总体稳定

2019 年粮食播种面积 11606.4 万公顷,比上年减少 97.5 万公顷,减幅 0.8%。

(二)单产稳中略增

2019 年粮食平均单产每公顷 5719.6 公斤,比上年增加 98.4 公斤,增幅 1.8%。

(三)总产十六连丰

2019 年粮食总产 66383.5 万吨,比上年增加 594.3 万吨,增幅 0.9%,粮食产量连续 5 年稳定在 65000 万吨以上。

撰稿单位:农业农村部种植业管理司
撰稿人:项宇、冯宇鹏、徐晶莹
审稿人:陈友权

二 粮食生产品种结构

(一)三季粮食产量两增一减

1.夏粮面积略减、产量略增

2019 年夏粮播种面积 2635.4 万公顷,比上年减少 34.9 万公顷,减幅 1.3%;总产 14160.2 万吨,比上年增加 279.2 万吨,增幅 2.0%;单产每公顷 5373.1 公斤,比上年增加 174.8 公斤,增幅 3.4%。

2.秋粮面积减少、产量略增

2019 年秋粮播种面积 8525.9 万公顷,比上年减少 28.4 万公顷,减幅 0.3%;总产 49596.7 万吨,比上年增加 54.8 万吨,增幅 1.1%;单产每公顷 5817.2 公斤,比上年增加 83.4 公斤,增幅 1.5%。

3.早稻面积、产量均略减

2019 年早稻播种面积 445.0 万公顷,比上年减少 34.1 万公顷,减幅 7.1%;总产 2626.5 万吨,比上年减少 232.5 万吨,减幅 8.1%;单产每公顷 5902.3 公斤,比上年减少 64.8 公斤,减幅 1.1%。

（二）主要粮食品种产量"三增一减"

1. 小麦面积略减、产量略增

2019 年小麦播种面积 2372.6 万公顷，比上年减少 53.9 万公顷，减幅 2.2%；总产 13359.6 万吨，比上年增加 215.3 万吨，增幅 1.6%；单产每公顷 5630.5 公斤，比上年增加 213.9 公斤，增幅 3.9%。

2. 玉米面积继续调减、产量略增

2019 年玉米播种面积 4128.4 万公顷，比上年减少 84.5 万公顷，减幅 2.0%；总产 26076.8 万吨，比上年增加 359.5 万吨，增幅 1.4%；单产每公顷 6316.4 公斤，比上年增加 212.1 公斤，增幅 3.5%。

3. 大豆大幅增产

2019 年大豆播种面积 933.3 万公顷，比上年增加 92.1 万公顷，增幅 10.9%；总产 1809.7 万吨，比上年增加 213.0 万吨，增幅 13.3%；单产每公顷 1938.9 公斤，比上年增加 40.9 公斤，增幅 2.2%。

4. 稻谷面积、产量均略减

2019 年稻谷播种面积 2969.3 万公顷，比上年减少 49.6 万公顷，减幅 1.6%；总产 20960.9 万吨，比上年减少 252.0 万吨，减幅 1.2%；单产每公顷 7059.1 公斤，比上年增加 32.5 公斤，增幅 0.5%。

撰稿单位：农业农村部种植业管理司

撰稿人：刘武、刘效谦、秦兴国、李伟

审稿人：陈友权

三　粮食生产地区布局

（一）从南北区域看

北方 15 省（区、市）：2019 年粮食播种面积 6806.9 万公顷，比上年减少 29.9 万公顷，减幅 0.4%；产量 39267.3 万吨，比上年增加 711.2 万吨，增幅 1.8%，该区域粮食产量占全国粮食总产的 59.2%。

南方 16 省（区、市）：2019 年粮食播种面积 4799.5 万公顷，比上年减少 67.5 万公顷，减幅 1.4%；产量 27116.2 万吨，比上年减少 116.9 万吨，减幅 0.4%，该区域粮食产量占全国粮食总产的 40.8%。

（二）从东西区域看

东部 10 省（市）：2019 年粮食播种面积 2490.0 万公顷，比上年减少 30.2 万公顷，减幅 1.2%；产量 15622.0 万吨，比上年增加 155.4 万吨，增幅 1.0%，该区域粮食产量占全国粮食总产的 23.5%。

中部 6 省：2019 年粮食播种面积 3403.8 万公顷，比上年减少 63.7 万公顷，减幅 1.8%；产量 19968.6 万吨，比上年减少 121.1 万吨，减幅 0.6%，该区域粮食产量占全国粮食总产的 30.1%。

西部 12 省（区、市）：2019 年粮食播种

面积 3365.4 万公顷，比上年减少 20.9 万公顷，减幅 0.6%；产量 16982.5 万吨，比上年增加 81.5 万吨，增幅 0.5%，该区域粮食产量占全国粮食总产的 25.6%。

东北 3 省：2019 年粮食播种面积 2347.2 万公顷，比上年增加 17.3 万公顷，增幅 0.7%；产量 13810.4 万吨，比上年增加 478.5 万吨，增幅 3.6%，该区域粮食产量占全国粮食总产量的 20.8%。

（三）从生态区域看

东北 4 省（区）：2019 年粮食播种面积 3029.9 万公顷，比上年增加 21.1 万公顷，增幅 0.7%；产量 17463.0 万吨，比上年增加 577.7 万吨，增幅 3.4%，该区域粮食产量占全国粮食总产的 26.3%。

西北 6 省（区）：2019 年粮食播种面积 1186.7 万公顷，比上年减少 15.8 万公顷，减幅 1.3%；产量 5760.7 万吨，比上年增加 3 万吨，增幅 0.1%，该区域粮食产量占全国粮食总产的 8.7%。

黄淮海 7 省（市）：2019 年粮食播种面积 3857.1 万公顷，比上年减少 47.6 万公顷，减幅 1.2%；产量 23804.0 万吨，比上年增加 223.3 万吨，增幅 0.9%，该区域粮食产量占全国粮食总产的 35.9%。

长江中下游 5 省（市）：2019 年粮食播种面积 1398.5 万公顷，比上年减少 43.7 万公顷，减幅 3.0%；产量 8545.3 万吨，比上年减少 210.6 万吨，减幅 2.4%，该区域粮食产量占全国粮食总产的 12.9%。

华南 4 省（区）：2019 年粮食播种面积 600.2 万公顷，比上年减少 7.0 万公顷，减幅 1.2%；产量 3211.0 万吨，比上年减少 1.0 万吨，基本持平，该区域粮食产量占全国粮食总产的 4.8%。

西南 5 省（区、市）：2019 年粮食播种面积 1533.8 万公顷，比上年减少 4.5 万公顷，减幅 0.3%；产量 7599.6 万吨，比上年增加 1.9 万吨，基本持平，该区域粮食产量占全国粮食总产的 11.4%。

（四）从产销区域看

主产区 13 省（区）：2019 年粮食播种面积 8765.4 万公顷，比上年减少 65.8 万公顷，减幅 0.7%；产量 52370.6 万吨，比上年增加 601.8 万吨，增幅 1.2%，该区域粮食产量占全国粮食总产的 78.9%。

主销区 7 省（市）：2019 年粮食播种面积 473.6 万公顷，比上年减少 4.6 万公顷，减幅 1.0%；产量 2819.5 万吨，比上年增加 33.6 万吨，增幅 1.2%，该区域粮食产量占全国粮食总产的 4.2%。

产销平衡区 11 省（区、市）：2019 年粮食播种面积 2367.3 万公顷，比上年减少 27.1 万公顷，减幅 1.1%；产量 11193.4 万吨，比上年减少 41.1 万吨，减幅 0.4%，该区域粮食产量占全国粮食总产量的 16.9%。

撰稿单位：农业农村部种植业管理司
撰稿人：陈明全、张振、常雪艳、付长亮
审稿人：陈友权

四 主要粮食品种生产成本分析

（一）2019 年粮食成本收益情况

全国价格主管部门成本调查机构的调查显示，与上年相比，2019 年我国三种粮食平均（稻谷、小麦和玉米平均，下同）单产增加，成本小幅增加，价格小幅下降，亏损有所增加。具体情况如下：

1. 单产增加

2019 年我国粮食单产整体增加，具体品种有增有减。其中，中籼稻、晚籼稻、小麦和玉米由于主产区整体气候好于上年，单产增加，尤其是多数小麦主产区墒情较好，与 2018 年遭遇恶劣天气、遭受不利影响相比，增产较多；早籼稻和粳稻由于主产区遭遇干旱、阴雨或台风等不利天气，单产减少。三种粮食平均亩产 482.3 公斤，增产 33 公斤，增幅 7.34%。其中，小麦和玉米分别为 453.48 公斤和 503.90 公斤，分别增产 84.89 公斤和 16.88 公斤，增幅分别为 22.9% 和 3.47%；稻谷（早籼稻、中籼稻、晚籼稻和粳稻平均，下同）489.52 公斤，减产 2.36 公斤，减幅 0.48%。

2. 成本小幅增加

2019 年三种粮食平均生产总成本和现金成本均有所增加。其中，每亩总成本 1108.89 元，增加 15.12 元，增幅 1.38%；每亩现金成本 537.47 元，增加 10.98 元，增幅 2.09%，自 2004 年以来连续第十六年上升。主要成本项目变动情况：①由于种子价格上涨，用量增多，种子费增加，亩均 64.03 元，增加 0.75 元，增幅 1.19%；②由于化肥价格上涨，化肥费增加，亩均 144.08 元，增加 5.06 元，增幅 3.64%；③由于机械化率提高，机械作业费增加，亩均 151.02 元，增加 2.21 元，增幅 1.49%；④由于用工数量减少较多，虽然劳动力价格继续上涨，人工成本仍小幅减少，亩均 413.40 元，减少 5.95 元，减幅 1.42%；⑤由于土地流转价格上涨，土地成本增加，亩均 233.25 元，增加 5.71 元，增幅 2.51%。

（元/亩）

图 1-1 2018 年和 2019 年三种粮食每亩总成本变化

3. 价格基本稳定

三种粮食平均农户出售价格每 50 公斤 109.44 元，微降 0.22 元，降幅 0.2%。其中，稻谷为 127.2 元，下降 2.2 元，降幅 1.69%；小麦、玉米分别为 112.3 元和 87.8 元，分别上涨 0.1 元和 1.8 元，涨幅分别为 0.06% 和 2.08%。

4. 实际收益增加

从现金收益（不考虑家庭用工和自有土地机会成本）看，每亩 540.89 元，增加 59.2 元，增幅 12.29%。如果考虑对农业的补贴，每亩实际收益（现金收益加补贴收入）634.9 元，增加 63.7 元，增幅 11.2%。其中，稻谷、小麦和玉米亩均实际收益分别为 717.4 元、604.6 元和 582.8 元，稻谷减少 18.2 元，减幅为 2.5%；小麦和玉米增加 169.2 元和 40.1 元，增幅分别为 38.9% 和 7.4%。从净利润看，2019 年三种粮食平均亏损减少，每亩亏损 30.5 元，减少 55.1 元。

图 1-2　2018 年和 2019 年三种粮食每亩实际收益变化

表 1-1　2018 年和 2019 年粮食成本收益比较（一）

单位：元

品种	每亩总成本		每亩净利润		每 50 公斤总成本		每 50 公斤平均出售价格	
	2018 年	2019 年	2018 年	2019 年	2018 年	2019 年	2018 年	2019 年
三种粮食平均	1093.8	1108.9	−85.6	−30.5	119.0	112.5	109.7	109.4
稻谷	1223.6	1241.8	65.9	20.4	122.8	125.2	129.4	127.2
早籼稻	1115.3	1125.8	−50.4	−138.9	128.4	137.3	122.6	120.4
中籼稻	1234.4	1229.4	120.3	138.7	112.6	111.7	123.6	124.3
晚籼稻	1153.5	1198.1	58.6	43.4	128.3	128.8	134.8	133.5
粳稻	1389.6	1415.2	136.8	37.1	123.9	126.6	136.1	129.9
小麦	1012.9	1028.9	−159.4	15.1	133.1	110.6	112.2	112.3
玉米	1044.8	1055.7	−163.3	−126.8	104.1	101.9	87.8	89.6

表 1-2　2018 年和 2019 年粮食成本收益比较（二）

单位：元

品种	每亩现金成本		每亩实际收益 （含补贴收入）		每 50 公斤现金成本	
	2018 年	2019 年	2018 年	2019 年	2018 年	2019 年
三种粮食平均	526.5	537.5	571.2	634.9	57.3	54.6
稻谷	649.6	651.6	735.6	717.4	65.2	65.7
早籼稻	564.2	582.7	580.9	487.8	64.9	71.1
中籼稻	566.1	589.9	875.0	872.3	51.6	53.6
晚籼稻	613.0	672.8	675.5	650.4	68.2	72.3
粳稻	855.2	761.0	811.1	859.2	76.2	68.1
小麦	494.7	518.7	435.4	604.6	65.0	55.8
玉米	435.1	442.1	542.7	582.8	43.3	42.7

（二）2019 年粮食和主要经济作物效益比较

2019 年我国粮食、棉花、油料、烤烟等主要农产品生产成本、价格和单产均出现分化，影响主要农产品生产效益变化。具体来看，油菜籽、烤烟生产效益增加，粮食、棉花等农产品生产效益有所下滑。

从 2019 年亩均实际收益水平看，粮食低于烤烟，高于棉花和油菜籽。其中，粮食与油菜籽、棉花和烤烟的差距扩大。2019 年粮食亩均实际收益 1162.8 元（按一年两季粮食作物计算，北方地区一亩小麦和一亩玉米的实际收益合计为 1187.4 元，南方地区一亩早籼稻和一亩

晚籼稻实际收益合计为 1138.2 元，平均每亩粮食实际收益为 1162.8 元），比烤烟少 1306.5 元，差距比上年扩大 9.8 元；比棉花多 617.5 元，优势比上年增加 369.7 元；比油菜籽多 666.5 元，优势比上年增加 48.3 元。

从 2019 年比较效益看，粮食相对棉花、油菜籽和烤烟收益上升。三种粮食平均与棉花的实际收益比（以棉花为 1）从上年的 0.66 上升到 1.16；与油菜籽和烤烟的实际收益比（分别以油菜籽和烤烟为 1）分别从上年的 1.14 和 0.24 上升到 1.28 和 0.26。

五　粮食生产能力建设

（一）有效保护耕地资源

全面落实永久基本农田保护制度，确保永久基本农田保持在 15.56 亿亩以上。2018 年起，按照国务院印发的《关于建立粮食生产功能区

和重要农产品生产保护区的指导意见》要求，有关部门研究制定了"两区"划定标准规范，明确重点品种、划定标准、操作流程，细化落实划定任务，强化划定督导检查，督促各地加

快划定步伐。截至 2019 年底，各地区全部制定出台了实施意见和方案，"两区"划定任务全部分解到 2471 个县（市、区）和 268 个国有农场，按时完成了 10.58 亿亩"两区"划定任务，一大批资源条件较好的优势产区得到进一步保护。在抓好"两区"划定的同时，各地区、各有关部门按照《关于建立粮食生产功能区和重要农产品生产保护区的指导意见》提出力争用 5 年时间基本完成"两区"建设目标任务的要求，在农业生产能力建设、农业补贴政策等方面，不断加大对"两区"的支持力度，通过加强宣传引导、政策支持和细化管理等措施，大力推进"两区"核心产能建设，着力构筑新时期保障国家粮食安全和重要农产品有效供给的屏障。

（二）继续加强农田水利建设

各地区、各有关部门深入实施藏粮于地、藏粮于技战略，不断加大工作力度，着力建立健全高标准农田建设工作机制、全程监管机制、建后管护机制和投融资创新机制，改进和加强高标准农田建、管、护等各个环节工作，进一步提升建设质量和水平，推动高标准农田建设迈上新台阶，改善粮食生产条件，提升粮食生产能力。2019 年高标准农田建设资金重点向"两区"倾斜，大规模开展"两区"内的集中连片、旱涝保收、稳产高产、生态友好的高标准农田建设，为实现到 2020 年确保建成 8 亿亩，确保国家粮食安全和保障重要农产品有效供给打下坚实基础。一是安排中央财政资金 690 亿元左右，中央预算内投资 165 亿元，统筹推进高标准农田建设，新建和完善灌排沟渠、桥涵闸等灌排渠系工程、集蓄水设施、机井维修配套、土地平整以及机耕道等田间工程设施。初步统计，在各地区、各有关部门的共同努力下，2019 年建成高标准农田 8000 万亩左右，项目区粮食平均产能提高 10% 以上，亩均粮食产量增加 100 公斤左右，提高了粮食生产水平，促进了农民增收，为实现全年粮食稳产奠定了坚实基础。二是安排中央预算内投资约 150 亿元，用于大型灌区续建配套与节水改造、新建大型灌区工程、大型灌排泵站更新改造等项目建设，保障农业灌排用水需要，提高灌排保障能力和农业用水效率。三是探索建设资金统筹整合长效机制，鼓励各地以高标准农田建设为平台开展涉农资金整合，探索不同渠道高标准农田建设资金的整合模式和经验，建立健全统筹安排使用建设资金的新机制，实现"多个渠道进水，一个池子蓄水，一个龙头出水"，形成高标准农田建设的合力。四是加强高标准农田建后监管，依托国家土地监管平台，对不同渠道投资建设的高标准农田统一上图入库，形成全国"一张图"，实现精准管理、动态监管。健全高标准农田建后管护长效机制，将田间设施交由合作社、村民自治组织和种粮大户主体自建自管，确保长期发挥效益。

（三）持续提升科技支撑水平

2019 年，继续安排中央预算内投资实施农作物良种工程建设，加强农作物种质资源开发利用、品种改良中心、良种繁育基地、区域试验站等公益性、基础性设施建设，促进现代农作物种业的发展。开展粮食生产重大科技攻关、现代农业产业技术体系建设和粮食高产创建整县推进，加快优良品种和先进栽培技术的推广应用。实施植物保护能力提升工程，加强粮食生产病虫害防控。大力推进农业机械化，全国主要农作物耕种收综合机械化水平约70%，小麦、玉米、水稻基本实现全程机械化。在各方面共同努力下，粮食作物种业稳步发展，粮食生产科技水平稳步提升，2019年全国粮食平均亩产381公斤，增加约1.6%，继续保持稳中略增的态势。

（四）大力促进粮食生产绿色发展

持续实施农业可持续发展规划、耕地草原河湖休养生息规划等，开展农业面源污染治理、东北黑土地保护、已垦撂荒草原综合治理、地下水超采治理、耕地重金属污染治理、新一轮退耕还林还草等试点，农业生态环境得到有效修复治理。大力推进畜禽粪污资源化利用，促进种养结合、农牧结合。2019年，我国化肥农药使用量实现负增长，畜禽粪污综合利用率达到74%。

撰稿单位：国家发展和改革委员会农村经济司

撰稿人：陈曦

审稿人：吴晓

第二部分
粮食市场供求与价格

一 粮食市场总体概述

2019 年，国内农业供给侧结构性改革深入推进，粮食种植结构继续调整优化，粮食播种面积稳定，气象条件有利，单产增加，总产保持较高水平。国内粮食供需总体宽松，库存充裕，但品种结构性矛盾依然突出，谷物仍保持较高自给水平，大豆和食用植物油缺口主要依靠进口。总体来看，国内粮食市场运行平稳，小麦产需平衡有余，稻谷供大于求，口粮市场价格下降；玉米连续 4 年出现产需缺口，价格恢复性上涨；大豆种植面积增加，产量持平略增，受需求增加带动，国内大豆价格上涨。

2019 年，全球粮食产量丰收，国际粮价低位运行。国内粮食价格仍高于国际市场，国内外价差保持较高水平。分品种看，国内外小麦价差缩小，但仍维持 500 元 / 吨以上高位，小麦进口量增长 11.5%。我国大米出口量创 2004 年以来的最高水平，进口量下降 17%。进口玉米利润较好，进口量增长 36%，而高粱、大麦等谷物进口减少。2019 年我国进口谷物及谷物粉 1785 万吨，同比减少 262 万吨，降幅 13%，算上 8851 万吨的进口大豆，我国粮食进口量超过 1 亿吨。

撰稿单位：国家粮油信息中心
撰稿人：齐驰名
审稿人：周冠华、刘冬竹、李喜贵

二 小麦市场供求与价格

（一）小麦市场供给和需求情况

1. 小麦产量回升

根据国家统计局数据，2019 年全国小麦播种面积有所减少，其中冬小麦播种面积 2205 万公顷，同比减少 69 万公顷。河北省治理地下水超采，安徽省适度压缩赤霉病高发地区小麦种植，两省小麦种植面积下降幅度较大。2018 年秋播以来，冬小麦主产区大部光热条件适宜，积温正常偏多，有利于小麦干物质积累；降水及时有效，墒情适宜，有利于小麦生长发育；干旱、霜冻等灾害偏轻，发生范围小。小麦单产好于上年，其中冬小麦单位面积产量 5.74 吨 / 公顷，同比增加 244 公斤 / 公顷。2019 年全国小麦产量增加，其中冬小麦产量 12657 万吨，同比增加 156 万吨。

2. 小麦消费量增加

随着我国城镇化率和居民收入水平的提高，全国小麦食用消费量小幅减少；但部分受灾发芽小麦只能用于饲料和工业生产，小麦饲用和工业消费量增加。2019 年国内小麦消费总量为

12880 万吨，同比增加 531 万吨，增幅 4.3%。其中，食用消费 9280 万吨，同比减少 20 万吨，减幅 0.2%；饲料消费 1800 万吨，同比增加 300 万吨，增幅 20.0%；小麦工业消费 1200 万吨，同比增加 250 万吨，增幅 26.3%。估计 2019 年国内小麦年度结余量 532 万吨，同比减幅 63.4%。

3. 小麦进口量增加

我国小麦常年进口规模在 300 万～450 万吨，2019 年我国小麦进口有所增加。主要原因：一是 2018 年我国小麦全年进口只有 288 万吨，面粉企业可使用的配额数量也多于往年。二是俄罗斯、哈萨克斯坦积极对我国出口小麦。三是进口来源国更加多元化，7 月开始进口法国小麦，11 月进口部分立陶宛小麦。四是中美经贸关系改善，美国小麦进口有所增加。据海关统计，2019 年小麦及小麦粉进口量为 349 万吨，同比增加 12.5%，其中小麦进口量 321 万吨，同比增加 11.5%。

（二）小麦市场价格走势及成因

1. 第一阶段（2019 年 1 月至 5 月中旬）小麦价格下行

2019 年 1~2 月，储备小麦轮换出库逐步展开，市场粮源供应充足。市场看跌预期集中，大部分面粉企业采购谨慎并降低库存。2 月底华北地区普通小麦平均价格为 2487 元 / 吨，比年初下跌 13 元 / 吨。

3 月初至 4 月中旬，小麦价格继续回落。国家每周投放 300 万吨最低价收购小麦，小麦市场供给充裕。由于面粉消费处于淡季，麸皮价格持续下跌影响加工利润，面粉企业普遍下调开工率。华北地区普通小麦平均进厂价格回落至 4 月 12 日的 2420 元 / 吨。

4 月中旬开始，各级储备轮换销售接近尾声，主产区基层粮源基本见底。此时距离新季小麦大量上市还有 1 个多月，面粉企业库存大多能够维持 20 天左右，补库需求推动小麦价格上调。华北地区普通小麦平均进厂价格上涨至 5 月 7 日的 2446 元 / 吨。

国家粮食交易中心发布公告，自 2019 年 5 月 21 日开始，2014~2018 年国标三等最低收购价小麦销售底价调整为 2290 元 / 吨，其中，2014~2016 年小麦下调 60 元 / 吨，2017 年小麦下调 120 元 / 吨。受政策性小麦拍卖底价下调影响，加之新小麦上市临近，小麦市场价格回落。华北地区普通小麦平均进厂价格回落至 5 月底的 2401 元 / 吨。

2. 第二阶段（2019 年 5 月下旬至 9 月底）收购价格季节性走低

5 月下旬以来，新小麦收割工作陆续展开，麦收由南向北快速推进，鄂、豫、皖、苏、鲁、冀、陕等冬小麦主产区麦收工作进展顺利。随着新小麦上市量的增加，市场价格下行压力加大。华北地区普通小麦平均进厂价格从 6 月 3 日的 2346 元 / 吨回落至 7 月 12 日的 2262 元 / 吨。

7 月，河南、湖北、山东、河北等主产省陆续启动小麦最低收购价收购预案。在托市收购政策拉动下，小麦市场价格开始稳中上行。同时，面粉企业开始秋季备货，整体开机率提高，消耗小麦库存速度加快；部分贸易商看涨预期增强，入市收购积极性提高。小麦平均进厂价格从 7 月 12 日的 2262 元 / 吨上涨至 9 月 30 日的 2300 元 / 吨。

3. 第三阶段（2019 年 10 月至 12 月底）小麦价格稳步上行

10 月 12 日，国家有关部门公布 2020 年继续在小麦主产区实行最低收购价政策。经国务院批准，2020 年生产的小麦（三等）最低收购价为每 50 公斤 112 元。小麦最低收购价保持稳定提振了市场主体购销信心。期间，农户们忙于新玉米购销和冬小麦播种，小麦出售量不大，由于面粉企业前期一直维持低库存运行状态，补库需求迫切，10 月小麦价格上涨。华北地区普通小麦平均进厂价格上涨至 11 月 12 日的 2406 元 / 吨。

11 月中旬开始小麦价格触高回落。多数贸易商认为小麦价格接近政策性粮源到厂成本，后期上涨空间不大，而仓储成本、资金利息等费用持续增加，售粮积极性提高。随着到货量的增加，大型面粉企业小麦库存有超过 20 天以上用量，面粉走货不畅，部分企业开机率降低，补库需求不旺。华北地区普通小麦平均进厂价格回落至年底的 2382 元 / 吨。

2019 年国家共举办 39 次政策性小麦竞价交易，累计销售成交 267 万吨，明显低于 2018 年的 866 万吨。

图 2-1 2019 年华北地区小麦平均进厂价

2019 年优质小麦价格高位回落。由于优质小麦种植面积增加，单产提高，2019 年优质小麦产量明显好于 2018 年。1~4 月华北地区优质强筋小麦平均进厂价格 2700 元 / 吨。夏粮上市后优质小麦价格季节性回落，8 月底为 2397 元 / 吨。9 月市场粮源减少，优质小麦价格逐步上行，优质小麦价格年底恢复至 2485 元 / 吨。12 月底，华北地区优质小麦与普通小麦价差为 103 元 / 吨，低于上年同期的 195 元 / 吨。

撰稿单位：国家粮油信息中心
撰稿人：张志恒
审稿人：周冠华、刘冬竹、李喜贵

三　稻谷市场供求与价格

（一）稻谷市场供给和需求

1. 2019 年稻谷产量略减，仍处于历史较高水平

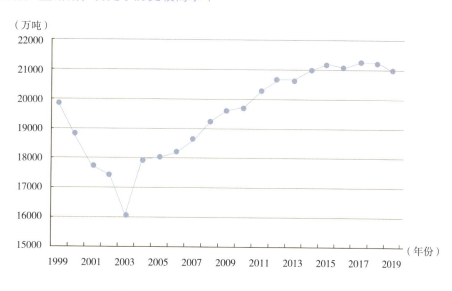

图 2-2　1999~2019 年中国稻谷产量

（1）早稻播种面积、单产和产量均下降。2019 年各地适当调减低质低效早稻种植面积，增加优质高效单季稻种植面积。早稻种植比较效益低，"双抢"劳动强度大，农村劳动力不足，部分农户愿意选择"双季稻改单季稻"。湖南、江西、广东等地的阴雨寡照天气影响了早稻播种移栽进度，部分地区早稻播种面积进一步减少。全国早稻播种面积减少，单产虽较上年有所下降，但仍为历史次高水平。单产下降的主要原因是早稻生长期间农业气象条件整体偏差。一是早稻移栽返青期间，湖南、广东等地降水偏多，日照不足，早稻个体发育较弱。二是拔节抽穗期间，

早稻主产区遭遇持续降雨，不利于早稻扬花授粉，局部地区稻穗结实率降低。三是灌浆收获期间，江南、华南地区连续的降雨天气，部分早稻田块遭受不同程度洪涝灾害，对早稻灌浆、成熟和收晒都带来不利影响，造成品质下降。因播种面积减少导致产量减少 203.7 万吨，占早稻减产量的 87.6%。2019 年早稻产量占稻谷总产量的比例为 12.5%，同比下降 1%。

（2）中晚稻单产增加，播种面积和产量减少。据国家统计局数据，2019 年全国中晚稻播种面积为 2524.4 万公顷，同比减少 15.4 万公顷，减幅 0.6%；中晚稻单位面积产量为

7.262 吨 / 公顷，同比增加 36 公斤 / 公顷，增幅 0.5%；中晚稻总产量为 18334 万吨，同比减少 20 万吨，减幅 0.1%。2019 年 7 月下旬以来，长江中下游地区由于伏秋连旱，影响了双季晚稻生产。

2. 2019 年我国大米进口减少、出口增加

受汇率、价格波动、贸易政策及宏观经济形势等因素影响，近年来我国大米进出口量波动特征明显。据海关总署统计，2012 年以来，我国大米进口量迅速上升，2012 年大米进口 235 万吨，比 2011 年的 57.8 万吨增长约 4 倍，

2012 年大米出口仅 28 万吨。2015~2017 年我国大米进口量分别为 338 万吨、356 万吨、403 万吨，同期大米出口量依次为 28.7 万吨、39.5 万吨、119.7 万吨。2018 年我国大米进口量出现近几年来的首次下降，大米出口量同比增加。2019 年我国大米出口保持增长，进口量继续减少。其中，大米进口 255 万吨，同比减少 53 万吨，减幅 17.2%；大米出口 274.7 万吨，同比增加 65.8 万吨，增幅 31.5%，为 2004 年以来最高水平。

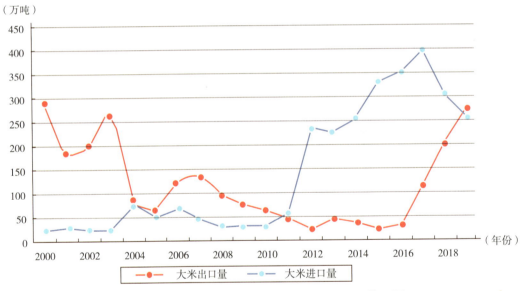

图 2-3　2000~2019 年我国大米出口量和进口量

3. 稻谷需求平稳增长

受国家加大稻谷去库存力度、稻谷消费结构升级等因素影响，国家粮油信息中心测算，2019 年我国稻谷消费总量 19230 万吨，同比增加 166 万吨，增幅 0.9%。其中食用消费 15850 万吨，同比略减 30 万吨，减幅 0.2%；饲料

消费及损耗 1500 万吨，同比增加 50 万吨，增幅 3.5%；工业消费 1750 万吨，同比增加 150 万吨，增幅 9.4%。饲料和工业消费增长趋势明显，主要部分不宜食用稻谷进入饲料和工业消费领域。稻谷继续维持产大于需格局，国内稻谷结余量为 1846 万吨，同比减少 584 万吨。

随着我国城镇化水平的提高和城乡居民收入的增加，食物消费结构快速升级，稻谷精深加工能力不断增强，预计我国稻米消费结构将进一步优化。

（二）2019 年稻米市场价格走势与成因

2019 年稻谷最低收购价与 2018 年保持一致，早籼稻、中晚籼稻和粳稻最低收购价分别为 2400 元 / 吨、2520 元 / 吨 和 2600 元 / 吨。受稻谷市场供大于求、政策性稻谷销售底价下调等因素影响，2019 年主产区稻谷市场价格走势分化。

1. 早籼稻稳中略涨，中晚籼稻价格稳中略降

2019 年 7 月，主产区新季早籼稻上市，收割期比上年推迟 5~10 天。因早籼稻减产，且适宜长期存储，南方销区储备库为完成补库任务，积极入市收购，早籼稻价格"高开高走"。开秤价在 2250~2350 元 / 吨，同比提高 20 元 / 吨，旺季收购价格稳定在最低收购价附近。2019 年 12 月底，主产区早籼稻价格为 2380~2400 元 / 吨，同比上涨 40~60 元 / 吨。

2019 年 9 月，新季中晚籼稻陆续上市，开秤价格比上年高 20~80 元 / 吨。2019 年第四季度，中晚籼稻大量上市，安徽、河南、湖北、四川、江苏、湖南、江西 7 省陆续启动中晚稻最低收购价收购预案。12 月底，加工企业、贸易商基本完成收购目标，主产区普通中晚籼稻价格稳中回落。湖南新中晚籼稻市场收购价为 2420~2440 元 / 吨，安徽为 2400~2410 元 / 吨，湖北为 2460~2480 元 / 吨，江西为 2400~2420 元 / 吨，同比下降 20~40 元 / 吨。

2. 粳稻价格南北走势分化

2019 年 10 月下旬，南方新季粳稻集中上市，市场供应充足，新季粳稻开秤价比上年低 200~300 元 / 吨。2019 年底，安徽新粳稻市场收购价为 2380~2400 元 / 吨，江苏为 2320~2400 元 / 吨，同比下降 140~300 元 / 吨。主要在于上年加工企业持续亏损，入市收购比较谨慎，而农民惜售心理减弱，愿意出售手中余粮。稻谷最低收购价收购预案启动后，江苏仓容有限，且地区分布不平衡，托市收购未能及时提振市场价格。

11 月，东北主产区新季粳稻集中上市，由于减产农民惜售，黑龙江、辽宁普通圆粒新粳稻价格开秤价高于上年 20~60 元 / 吨。12 月底，黑龙江新粳稻市场收购价为 2620~2660 元 / 吨，辽宁为 2820~2860 元 / 吨，同比基本持平。吉林新季超级稻上市初期开秤价低，农民惜售心理较强，企业收购量不大，稻谷集中上市后，企业逐步提价收购，11 月中旬吉林收购价为 2800~2840 元 / 吨，同比基本持平。

3. 大米市场价格整体回落，国内外价差扩大

2019 年 12 月底，湖南长沙地区早籼米出厂价 3440 元 / 吨，同比下降 80 元 / 吨；晚籼米出厂价 3780 元 / 吨，同比下降 100 元 / 吨。江西南昌地区早籼米出厂价 3500 元 / 吨，同比下降 40 元 / 吨；晚籼米出厂价 3760 元 / 吨，同比下降 190 元 / 吨。黑龙江佳木斯地区普通圆粒粳米出厂价 3850 元 / 吨，同比下降 20 元 / 吨。江苏南京粳米出厂价 3580 元 / 吨，同比下降 470 元 / 吨。国内市场"稻强米弱"特征明显，大米加工企业普遍微利运行，部分加

工企业常年停机甚至退出经营。2019 年国内外大米价差宽幅波动，最高达 969 元 / 吨，最低在 607 元 / 吨。2019 年越南 5% 破碎率大米到港完税价与广东市场国产早籼米批发价的平均价差达 778 元 / 吨，价差同比扩大 318 元 / 吨。

4. 政策性稻谷竞价销售大幅增加

2019 年政策性稻谷销售底价有所下调，并举办 2013~2014 年陈稻谷专场竞价交易会。从分品种及生产年限的销售底价看，2016~2018 年早籼稻销售底价分别为 2300 元 / 吨、2400 元 / 吨、2400 元 / 吨，2016~2018 年中晚籼稻销售底价分别为 2420 元 / 吨、2520 元 / 吨、2520 元 / 吨，2016~2018 年粳稻销售底价分别为 2500 元 / 吨、2600 元 / 吨、2600 元 / 吨。其中 2016~2017 年产早籼稻与中晚籼稻销售底价同比下调 100 元 / 吨，2016~2017 年产粳稻销售底价下调 200 元 / 吨。最低收购价稻谷（专场）竞价交易的 2013~2014 年产早籼稻和中晚籼稻销售底价为 1500 元 / 吨，同比下调 500 元 / 吨，2013~2014 年产粳稻为 1600 元 / 吨，同比下调 800 元 / 吨。由于稻谷销售价格优势明显，政策性稻谷销售成交量大幅增加。2019 年国家政策性稻谷竞价销售共成交 1261.1 万吨，同比增加 405 万吨。其中，早籼稻成交 147.4 万吨，增加 75.6 万吨；中晚籼稻 488.2 万吨，增加 237.1 万吨；粳稻 625.5 万吨，增加 92.2 万吨。

撰稿单位：国家粮油信息中心

撰稿人：刘石磊

审稿人：周冠华、刘冬竹、李喜贵

四　玉米市场供求与价格

（一）玉米供给和需求状况

2016 年玉米收储制度改革以来，国内玉米播种面积连续四年下降。由于单产提高，2019 年玉米产量稳中有升。2019 年国内饲用玉米需求低迷，抵消了工业用玉米消费增长，国内玉米总需求下降，年度产消缺口缩小。

1. 玉米产量稳中有升，进口有所增加

2019 年，各地在保障粮食生产能力不降低的同时，稳步推进耕地轮作休耕试点工作，调减低质低效作物种植，组织实施大豆振兴计划，继续调减玉米播种面积。2019 年第一季度玉米市场价格疲软，玉米种植效益偏低，部分农户积极改种大豆。玉米自播种以来，全国大部分地区热量适宜，降水充沛，光照正常。"利奇马"等台风给局部地区造成不利影响，但为旱区带来了有效降水，东北西部传统旱区雨水充沛，旱情属于近年来最轻。2019 年玉米单位面积产量和总产量均有所增加。2019 年我国进口玉米 479 万吨，同比增加 127 万吨，增幅 35.9%。其中从乌克兰进口玉米 414 万吨，同比增加 121 万吨，增幅 41.3%。

2. 玉米需求下降

国家粮油信息中心测算，2019年国内玉米年度总消费量27491万吨，同比减少298万吨，减幅1.1%。其中，受生猪存栏大幅下降等影响，我国玉米饲料消费17500万吨，同比减少1000万吨，减幅5.4%。国内生猪存栏尚未恢复正常水平，尽管家禽和反刍动物养殖大幅增长，预计2020年国内玉米饲料需求基本稳定。受加工产能继续扩大支撑，玉米工业消费8000万吨，同比增加700万吨，增幅9.6%。工业消费增长难以抵消饲料消费降幅，2019年国内玉米需求呈下降态势。

（二）玉米市场价格走势

1. 第一阶段（2019年1~3月）国内玉米价格持续下降

由于2018年我国临储玉米竞价销售成交达1亿吨，新玉米上市后，仍有相当数量的临储玉米在市场流通，玉米供应充足。需求方面，生猪存栏下滑导致饲料企业采购积极性明显下降。与此同时，市场对中美经贸谈判达成农产品进口协议预期看好，市场主体入市收购谨慎。供给充裕叠加玉米需求疲软，玉米价格持续下降。2019年3月，主产区玉米月度均价为1802元/吨，比1月下降63元/吨，降幅3.4%；同比下降96元/吨，降幅5.1%。

2. 第二阶段（2019年4~8月）玉米价格持续上涨

2019年3月，东北地区启动地方储备玉米轮入收购以及一次性储备玉米轮入，提振了玉米价格。进入4月，主产区农户余粮下降，部分粮源转移至贸易商手中，国内玉米供应压力逐渐缓解，玉米价格底部回升。5月14日国家启动临储玉米竞价交易，销售底价提高了200元/吨，对市场预期有较强提振作用。拍卖价格提高支撑国内玉米价格持续上涨。由于饲料消费需求低迷，7~8月玉米价格回落。8月主产区玉米月度均价为1952元/吨，比3月上涨150元/吨，涨幅8.3%；同比上涨174元/吨，涨幅9.8%。

3. 第三阶段（2019年9~12月）玉米价格呈下跌态势

8月下旬以来虽然国家出台了一系列促进生猪生产的政策措施，但短期内饲用需求仍难以恢复，加之预期2019年玉米丰产，市场对玉米价格缺乏信心。9月华北新玉米开始上市，贸易商加快销售手中的2018年产玉米，临储玉米继续出库和中央储备玉米开始轮换，供应压力促使国内玉米价格开始回落。10月临储玉米结束竞价交易，全年临储玉米仅成交2191万吨，显著低于上年，印证了当年玉米需求疲软的说法。此后，虽然天气因素导致东北地区部分玉米收获推迟，11月国内玉米价格出现阶段性上涨，随着新玉米大量上市，国内玉米季节性供应压力加大，12月国内玉米价格继续下行。12月主产区玉米月度均价为1845元/吨，比8月下降107元/吨，降幅5.49%；同比下降43元/吨，降幅2.29%。

图 2-4　2019 年我国山东潍坊和吉林长春玉米入厂收购价格

撰稿单位：国家粮油信息中心

撰稿人：谌琴

审稿人：周冠华、刘冬竹、李喜贵

<table>
<tr><td>五</td><td># 大豆市场供求与价格</td></tr>
</table>

五　大豆市场供求与价格

（一）大豆市场供给和需求

2019 年国家实施大豆振兴计划后，国内大豆播种面积明显增加，产量达 1810 万吨，创历史最高纪录，但与国内需求相去甚远，国产大豆仅占年度消费量的 17%，进口大豆依然是保障国内供给的主要来源。国内生猪养殖行业受到冲击，生猪存栏大幅减少，尽管禽类养殖增幅较大，但全年饲料需求下滑，豆粕需求呈现负增长。2019 年我国大豆进口量小幅增加，主要来源仍以巴西大豆为主。中美两国达成第

一阶段经贸协议，预计 2020 年我国将增加美国大豆进口。

1. 大豆产量创历史最高纪录

2019 年国家继续推进农业供给侧结构性改革，通过种植者补贴调节种植收益，实施大豆振兴计划，增加大豆播种面积。国家统计局数据显示，2019 年全国大豆播种面积 1.40 亿亩，同比增加 1382 万亩，增加面积主要集中在辽宁、吉林、黑龙江、内蒙古"三省一区"。2019 年黑龙江种植者补贴继续向大豆倾斜，大

豆生产者补贴高于玉米生产者补贴200元以上，并且享受粮改饲试点政策的青贮玉米面积不享受补贴，调动农户种植大豆的积极性，增加大豆播种面积1068万亩。2019年我国大豆生长期天气状况整体良好，大豆平均单位面积产量1.942吨/公顷，同比增长2.2%。由于播种面积增加、单产提高，2019年我国大豆总产量达到1810万吨，同比增加213万吨，创历史最高纪录。

2. 大豆进口量略有增加

2019年我国进口大豆8851万吨，同比增长0.5%，其中自巴西进口5768万吨，同比减少12.7%，占进口总量的65.2%，较上年下滑9.9%；自美国进口1701万吨，同比增长2.3%，占比19.2%；自阿廷进口879万吨，同比增长8.3%，占比9.9%。从上述三个国家进口大豆占比达94.3%。

3. 豆粕消费需求下降

2019年10月农业农村部监测数据显示，全国生猪存栏同比减少40%以上。国家有关部门出台多项促进生猪生产恢复的政策措施后，从2019年10月开始能繁母猪存栏持续增加，但到2019年底同比减幅依然较大。2019年我国猪肉产量4255万吨，同比减少21.3%；全年猪料消费减少26.6%，用于猪饲料的豆粕消费相应大幅减少。受猪肉产量大幅减少影响，2019年5月以后猪肉价格持续走高，11月创历史新高，而禽肉、牛肉、羊肉及禽蛋等具有替代作用的蛋白食品需求大幅增加。2019年禽肉产量2239万吨，同比增长12.3%；牛肉产量667万吨，同比增长3.6%；羊肉产量488万吨，同比增长2.6%；禽蛋产量3309万吨，

同比增长5.8%；禽蛋、禽肉产量增加带动禽料消费需求增加，全年肉禽料增长21%，蛋禽料增长9.6%，一定程度上抵消了猪料减产的影响，2019年饲料总产量同比减少3.7%。国家粮油信息中心测算，2019年我国豆粕饲用消费6580万吨，同比减少430万吨，减幅6.1%。

（二）大豆市场价格走势及成因

2019年美国大豆产量大幅下滑，中国减少了对美国大豆的采购，美国大豆库存高于正常水平，同时阿根廷大豆又恢复性增产，全球大豆供应充足，国际市场大豆价格低位震荡。国产大豆价格先抑后扬，新季大豆价格大幅上涨。

1. 国际市场大豆价格走势

第一阶段：2019年1~5月美豆期货价格弱势下跌。2019年，美豆出口需求疲软，大豆库存高企；南美大豆产区天气良好，巴西大豆产量处于高位，阿根廷大豆从上年的减产中得以恢复，全球大豆供应充足。2019年4月15日前，美豆价格弱势震荡，运行在890~930美分/蒲式耳。4月15日后，美豆价格持续下跌，5月13日创年内低点786.5美分/蒲式耳。

第二阶段：5~9月美豆期货价格先涨后跌。4月下旬，美豆开始播种，播种期间美国大豆产区出现持续降雨天气，大豆播种进度明显滞后往年，市场预期美国大豆播种面积将大幅减少。5月中旬美豆价格开始止跌反弹，6月20日创914.25美分/蒲式耳的阶段性高点。6月下旬，美豆产区天气逐渐好转，播种工作完成，大豆播种面积下降基本确定。7~9月美豆进入生长阶段，产区天气

总体良好，在全球大豆供应充足、中国大豆需求下滑、美豆出口需求疲软的背景下，美豆价格震荡回落,9月初重新跌至850美分/蒲式耳。

第三阶段：9~12月美豆期货价格先涨后跌。9月美国大豆播种面积大幅减少得到官方确认，同时市场担忧大豆单产也可能大幅下降。10月14日，美豆价格上涨，创939.75美分/蒲式耳的阶段性高点。12月2日，美豆价格回落，跌至872.5美分/蒲式耳。

第四阶段：12月美豆价格上涨。中国企业加快美豆采购步伐，美豆出口需求好转。12月31日，美豆价格收盘于943.5美分/蒲式耳。

2. 国产大豆市场价格走势及成因

第一阶段：2018年我国大豆产量1597万吨，同比增加69万吨，连续第三年增产。2018年6~10月临储大豆竞价销售成交201万吨，由于市场供应超过需求，下游企业收购大豆比较谨慎，国产大豆上市后，收购价格持续下跌。2019年4月底，黑龙江食用大豆收购价格集中在3440~3480元/吨，较2019年1月初下跌60元/吨。

第二阶段：2019年5月开始国产大豆价格触底回升。一方面前期库存被市场消化，市场余豆见底；另一方面由于猪肉价格高企，作为提供主要植物蛋白的豆制品消费需求明显增加，市场看好后市价格。6~8月临储大豆投放市场，尽管销售价格低于市场预期，但销售

总量有限，国产大豆价格呈震荡上行走势。9月底黑龙江食用大豆收购价格涨至3740~3780元/吨，比4月底上涨了300元/吨。

第三阶段：2019年10月新季国产大豆陆续上市，收购价格短期回落。11月中旬黑龙江食用大豆收购价格3540~3560元/吨，比9月底下跌200元/吨。此后，由于市场预期国产大豆产量增幅有限，且临储大豆库存见底，年度供需存在缺口，各类市场主体积极入市收购，收购价格持续上涨。12月底，黑龙江食用大豆收购价格涨至3660~3680元/吨。

3. 临储大豆去库存结束

2008~2013年我国连续6年实行大豆临时收储政策，在保障种粮农民基本收益、调节市场供求、稳定大豆价格等方面发挥积极作用。2014年以后临储大豆持续去库存，2019年临储大豆库存全部消化。2019年明确临储大豆起拍价格为国标三等大豆3000元/吨，相邻等级价差40元/吨，与上年持平。2019年6月17日至9月2日，国家粮食交易中心累计安排2013年产临储大豆竞价销售标的155.5万吨，实际成交58.1万吨。2018年临储大豆销售成交201万吨。临储大豆适时投放增加市场供应，对稳定市场预期发挥了积极作用。

撰稿单位：国家粮油信息中心

撰稿人：王辽卫

审稿人：周冠华、刘冬竹、李喜贵

六　食用油市场供求与价格

（一）食用油市场供给和需求

1. 油料产量小幅回升，油籽总产量增加

2019年我国油料（不含棉籽和大豆）总产量为3495万吨，同比增长1.8%；加上大豆和棉籽油料总产量为6365万吨，同比增加228万吨，增幅3.7%。其中，油菜籽产量1353万吨，同比增长1.9%；花生产量1760万吨，同比增长1.6%。2019年全国大豆播种面积达933.4万公顷，同比增长10.9%，产量增至1810万吨，连续第四年增产并创历史新高。2019年全国棉花种植面积略减0.6%至334万公顷，棉花平均单位面积产量从上年创纪录的高位降至1.764吨/公顷，全国棉花产量589万吨，同比减少3.5%。国家粮油信息中心测算，2019年全国棉籽总产量为1060万吨，同比减少3.5%。

2. 油籽进口小幅下降，食用植物油进口大幅增加

2019年我国进口食用油籽（含大豆和棉籽）9331万吨，同比略减1.3%。进口食用油籽折油1840万吨左右，同比减少1.6%。其中，进口大豆8851.1万吨，同比增加48万吨，增幅0.6%；进口油菜籽273.7万吨，同比大幅减少201.9万吨，减幅42.9%；进口其他食用油籽206万吨，同比增加36万吨。其中，芝麻81.2万吨，花生47.9万吨，亚麻籽42.7万吨，葵花籽30.3万吨。

2019年我国进口食用植物油（包含棕榈油硬脂）1153万吨，同比增长42.5%。其中，进口棕榈油532.7万吨，同比增加222.5万吨，增幅41.8%；进口豆油82.6万吨，同比增加27.7万吨，增幅50.3%；进口菜籽油161.5万吨，同比增加31.9万吨，增幅24.6%；进口葵花油和红花油122.9万吨，同比增加52.6万吨，增幅5.7%。

3. 油脂油料消费需求继续增加

2019年我国油脂食用消费3511万吨，同比增加71万吨，增幅2.1%。其中豆油消费1485万吨，同比减少40万吨，减幅2.6%；菜油850万吨，同比减少5万吨，减幅0.6%；棕榈油430万吨，同比增加60万吨，增幅16.2%，棉油128万吨，同比增加16万吨，增幅14.3%。国内豆油产量下降，临储菜籽油基本消化结束，需要增加棕榈油进口弥补供应缺口。

2019年，我国生猪存栏大幅下滑，全年猪肉产量4255万吨，同比减少21.3%，豆粕消费需求明显减少。2019年，我国大豆压榨量和豆油产出量减少，加拿大油菜籽进口量明显下降，菜籽油供应减少，但以棕榈油为主的油脂进口大幅增加，我国油脂供应依然充裕。

随着社会经济发展、居民生活水平的提高、人口持续增加和城镇化进程加快，我国食用植物油需求将继续平稳增长，但增幅将放缓。

（二）国内油脂价格走势回顾及成因

第一阶段（2019 年 1 月初至 3 月上旬）：油脂价格震荡走高。2019 年初巴西、阿根廷大豆产区天气状况较差，市场担忧南美大豆减产。由于东南亚棕榈油产区库存仍处于历史高位，抑制了油脂价格的上涨。3 月上旬，华东地区一级豆油报价 5800~5850 元/吨，比年初上涨约 600 元/吨；长江流域四级菜油价格在 7100~7150 元/吨，上涨约 650 元/吨；华南地区 24 度棕榈油价格在 4480~4530 元/吨，上涨约 250 元/吨。

第二阶段（2019 年 3 月上旬至 7 月中旬）：油脂价格回落。南美大豆产区天气状况改善，大豆丰收前景明朗；东南亚棕榈油进入增产周期，库存维持较高水平。第二季度进口大豆到港量和压榨量增加，豆油库存止降转升，油脂价格滞涨回落。7 月中旬，华东地区一级豆油价格为 5350~5400 元/吨，比 3 月上旬下跌约 450 元/吨；长江流域四级菜籽油价格为 7100~7150 元/吨，与 3 月上旬基本持平。主产国棕榈油产量恢复，库存高企，价格上涨空间有限。7 月中旬华南地区 24 度棕榈油价格为 4180~4220 元/吨，下跌约 300 元/吨。

第三阶段（2019 年 7 月中旬至 12 月底）：油脂价格持续上涨。美豆产量大幅减少，南美干旱少雨天气对大豆播种开局不利，推动美豆价格走高。受年初干旱天气影响，市场普遍预期第四季度东南亚棕榈油增产不及预期，加之印度尼西亚和马来西亚宣布计划 2020 年实施更高标准的生物柴油政策，全球油脂供需进一步趋紧。12 月底，华东地区一级豆油价格为 7100~7150 元/吨，比 7 月中旬上涨约 1750 元/吨；长江流域四级菜籽油报价 8100~8150 元/吨，上涨约 1000 元/吨；华南地区 24 度棕榈油价格为 6500~6540 元/吨，上涨约 2320 元/吨。

（三）临储菜籽油去库存结束

2019 年 6 月 17 日至 8 月 12 日，国家粮食交易中心共安排临储菜籽油竞价销售标的 10.7 万吨，全部销售成交。自 2015 年 12 月以来共向市场投放临储菜籽油约 581 万吨，临储菜籽油竞价销售工作基本结束。

撰稿单位：国家粮油信息中心
撰稿人：郑祖庭
审稿人：周冠华、刘冬竹、李喜贵

第三部分
粮食宏观调控

一 政策性粮食收购

2019 年国家继续在部分粮食主产区实施小麦和稻谷最低收购价政策。新粮上市前，国家粮食和物资储备局及时印发收购通知、召开收购工作会议等，宣传解读收购政策，安排部署收购工作；督促指导各地按照粮食安全省长责任制的要求，合理布设收购网点，提前做好预案启动相关准备。新粮收购期间，各地严格执行国家粮食收购政策，积极引导多元主体入市收购，强化为农服务意识，鼓励农企对接，切实抓好粮食收购工作，没有出现大范围"卖粮难"。

2019 年，小麦、早籼稻、中晚籼稻、粳稻最低收购价分别为 1.12 元 / 斤、1.20 元 / 斤、1.26 元 / 斤、1.30 元 / 斤，与上年相比，小麦每斤下调 0.03 元，早籼稻、中晚籼稻、粳稻基本持平。新粮上市后政策性收购大范围启动，河北、江苏、安徽、河南、山东、湖北 6 省，安徽、江西、湖南 3 省，吉林、黑龙江、江苏、安徽、江西、河南、湖北、湖南、四川 9 省分别启动了小麦、早籼稻、中晚稻最低收购价执行预案。在各级政府部门和有关中央企业共同努力下，收购工作总体平稳有序。

撰稿单位：国家粮食和物资储备局粮食储备司

撰稿人：李洵、耿晓顿、纪展、赵泽林、刘妍杉、白新园、孟凡璠

审稿人：秦玉云、唐成

二 粮食储备及轮换

2019 年 5 月，中央深改委第八次会议审议通过了《关于改革完善体制机制加强粮食储备安全管理的若干意见》，为储备管理提供了根本遵循和科学指引。国家粮食和物资储备局认真落实改革意见精神，继续强化中央储备粮管理，会同有关部门及时下达中央储备粮油年度轮换计划，并督促承储企业严格执行，确保储备常储常新。各地着力加强地方储备粮管理，认真组织开展轮换工作，因地制宜创新管理模式，健全运行机制，完善相关配套制度，管理的规范化、制度化水平进一步提高。同时，国家有关部门和地方根据粮食市场形势变化和调控需要，指导承储企业科学把握轮换时机，必要时调整轮换节奏，充分发挥储备轮换吞吐调节市场的作用，有效保障了市场的平稳有序运行。

撰稿单位：国家粮食和物资储备局粮食储备司

撰稿人：向玉旭、孙哲、王聪、范杰

审稿人：秦玉云、唐成

三　粮情监测预警

2019年以来，按照《粮食流通管理条例》和国务院有关文件的规定，各级粮食和物资储备部门认真履行全社会粮食流通统计职能，积极推进粮食市场监测预警体系建设，为全面掌握粮食流通基本状况、科学分析供求形势、加强行业指导、服务宏观调控发挥了重要作用。

（一）优化完善市场监测点布局

根据市场形势变化，不断健全粮油市场监测网络，调整优化监测点，建立以企业网络直报为主体，以县—市—省—国家逐级审核为支撑，以粮食购销存统计、社会粮油供需平衡调查、粮食市场价格监测为主要内容的数据信息采集、分析和发布体系。截至2019年末，入统涉粮企业5万多家，城乡居民固定调查点14.8万个，粮油市场信息直报点1072个。

（二）提升粮食市场监测预警能力

加强市场形势分析研判和信息共享，跟踪监测市场动态，对可能出现的苗头性、倾向性、潜在性问题，及时通过会商机制研讨，倾听有关专家意见，提出有针对性的措施建议，更好地服务领导决策。各地认真开展粮食市场监测工作，密切关注粮食市场价格变化情况，加强对监测信息的分析评估，及时纠正剔除不实信息、补充遗漏信息，确保监测信息完整灵敏准确。

（三）完善粮食市场监测预警考核机制

根据粮食流通形势变化对粮食流通统计工作考核评分标准中监测预警工作相关指标进行优化，充分发挥考核的激励、引导作用。各地以粮食安全省长责任制考核为抓手，聚焦重点难点，科学设置考核指标，着力解决统计工作基础薄弱、执行能力不足等问题，认真做好"加强粮情监测预警"的年度考核，监测预警工作责任意识进一步增强，考核"指挥棒"作用得到积极发挥。

（四）继续分时段分品种开展重点监测

按时上报的粮食收购进度和价格监测信息，作为有关部门了解掌握粮食市场动态、研究完善粮食收储政策的重要依据。积极开展实地调研，邀请相关专家学者会商，形成分品种粮食市场形势报告。继续扎实做好大豆市场监测工作，1~3月每周采集分析全国126家重点大豆收储和加工企业的收购、加工、销售、库存及价格等情况。

撰稿单位：国家粮食和物资储备局粮食储备司

撰稿人：袁海波、邢文照、董琦琦、沈洁

审稿人：秦玉云、唐成

四 粮食产销合作

国家粮食和物资储备局认真贯彻落实习近平总书记关于"做好粮食市场和流通的文章"重要指示精神，指导各地深化开展粮食产销合作，积极搭建合作平台，务求取得合作实效。各地认真落实《关于深化粮食产销合作提高安全保障能力的指导意见》要求，结合实际组织开展粮食产销合作，产销区合作关系更加紧密、形式更加多样、内容更加丰富，为保障国家粮食安全提供了有力支撑。

一是强化合作意识。各地积极建立长期稳定的合作机制，有效保证区域粮食供应。目前，31 个省份按照互惠互利的原则，均签订了粮食产销合作战略相关协议。其中黑龙江、河南、吉林、福建、广东等省分别与 10 个以上省份签订合作协议。

二是优化合作平台。国家粮食和物资储备局积极打造全国性粮食产销合作平台，继 2018 年在黑龙江省举办首届中国粮食交易大会后，2019 年 6 月在河南省举办第二届中国粮食交易大会，市场影响力和社会关注度显著提升。同时，积极搭建线上交易、线下洽谈等平台，充分发挥产销合作平台作用，促进粮食流通有序顺畅。2019 年，通过国家粮食电子交易平台组织的各类地方粮油交易专场成交总量 325.9 亿斤，同比增长 52.6%，成交量再创新高。

三是培育合作载体。各级粮食部门推动以资本为纽带，打造骨干粮食企业集团，实现不同层级的国有粮食企业优势互补、强强联合。同时，各地以骨干国有粮食企业为基础，组建跨区域集团公司，成为推动粮食产销协作和保障区域粮食安全的重要载体。

四是丰富合作内涵。深入实施"优质粮食工程"，通过鼓励发展订单收购、开展产后服务、建立异地储备和收储基地等形式，拓宽产销合作渠道，确保产销合作实效。拓展粮食产后服务体系，提供代清理、代干燥、代储存、代加工、代销售服务。各地还以市场需求为导向，支持企业积极开展订单收购。

五是创新合作形式。积极发展"互联网＋粮食"等新模式，大力拓展网上粮食交易，推进线上线下互动，实现智能交易、智能支付、智能仓储、智能物流、智能配送。产销区开展跨区域品牌营销，实现资源利益共享。同时，部分省主动对接"一带一路"沿线国家，开展多种形式的粮食合作。

撰稿单位：国家粮食和物资储备局粮食储备司

撰稿人：董祥、胡兵、李萌、张俊鹏、孙海平、陈晓雅

审稿人：秦玉云、唐成

五 粮食市场交易

2019年我国粮食市场供给总体宽松。面对复杂的"去库存"形势和粮食市场需求压力，国家有关部门加大政策性粮食拍卖销售力度，适时调整交易品种，科学制定起拍价格，合理安排销售计划，进一步加大库存粮食消化力度，取得显著成效。

2019年全年通过交易平台共组织国家政策性粮油竞价及挂牌交易会435场，成交各类粮油4276.5万吨，成交金额达758.9亿元，成交量同比减少8278.2万吨。分品种看，成交玉米2213万吨，同比减少7800.1万吨；稻谷1628.2万吨（早籼稻220.3万吨、中晚籼稻663万吨、粳稻744.8万吨），同比增加395.5万吨；小麦361.8万吨，同比减少704.8万吨；大豆58.1万吨，同比减少142.7万吨；菜籽油12.5万吨，同比减少16.1万吨；豆油2.8万吨，同比减少12.7万吨。全年通过交易平台共组织贸易粮交易836万吨，成交金额186.9亿元，同比增加138.3万吨。同时，地方各级政府和有关部门继续积极引导和推进地方储备粮

和贸易粮联网交易，全年共组织交易会4677场，成交粮食1629.3万吨，成交金额375.7亿元，与上年相比，成交量增加561.3万吨，增幅达52.6%。

2019年国家政策性粮食成交量同比减少65%以上，但稻谷去库存效果显著。一是玉米成交下降幅度较大。二是稻谷去库存成效明显，有效挡住了进口和走私，但由于收购量远超过销售量，稻谷库存依旧高企。三是政策性粮食拍卖底价对市场价格形成支撑，成交率的变化逐步成为反映市场走势的"晴雨表"。四是针对粮食销售出库存在的突出问题，及时采取行之有效的措施，进一步加大政策性粮食监管力度，维护正常的粮食市场秩序，全年粮食销售出库率高达94.2%。

撰稿单位：国家粮食和物资储备局粮食交易协调中心

撰稿人：姜青志、毕一卓

审稿人：陈军生

2019 年第二届中国粮食交易大会

为认真落实习近平新时代中国特色社会主义思想和党的十九大精神，深入实施国家粮食安全战略，加强粮食产销合作，切实增强国家粮食安全保障能力，国家粮食和物资储备局于 2019 年 6 月中下旬在河南省郑州市召开第二届中国粮食交易大会（以下简称"交易大会"），搭建全国性粮食产销合作平台，以推动更高质量、更可持续、更有效率的粮食安全保障体系建设。交易大会以"新机遇、大融合、聚优势、谋共赢——创新转型增活力，提升产业促发展"为主题，包含中华人民共和国成立 70 周年成就、优质粮油产品、粮油机械设备、粮食交易金融服务、粮食企业"走出去"、粮食科技成果、粮油营养健康消费品鉴、各省粮油产品推介、业务洽谈等多项同期活动。大会展览面积 65000 平方米，参会企业 2200 多家，专业观众 1.5 万人，参观人数 12 万余人次。

河南省委书记、省人大常委会主任王国生，河南省委副书记、省长陈润儿，国家发展和改革委员会党组成员、国家粮食和物资储备局党组书记、局长张务锋出席开幕式，共同为交易大会启动开幕。河南省委副书记喻红秋，国家粮食和物资储备局党组成员、副局长卢景波、黄炜，国家粮食安全政策专家咨询委员会副主任赵中权，联合国世界粮食计划署高级司长斯坦莱克·萨姆坎戈，联合国驻华协调员罗世礼，非盟驻华代表赫曼塔拉·穆罕默德·奥斯曼，埃及驻华商务公使曼姆杜赫·萨尔曼，

山西、广西、四川、新疆等省（区）政府有关负责同志、各省级粮食和物资储备局（粮食局）、各垂直管理局主要负责同志和粮食交易客商代表，共计 3000 人出席开幕式。国家粮食和物资储备局党组成员、副局长韩卫江主持开幕式。

会议期间，在大会组委会精心组织下，各地高度重视、精心谋划，分别组织了多场各具特色、形式多样、内容新颖、富有成效的推介会，吉林大米、齐鲁粮油、山西小米、天府菜油、荆楚大地、广西香米等一大批来自全国各省区市的知名、特色、优质粮油产品在粮交大会舞台亮相并举行推介会。中粮集团、中储粮等大型央企，益海嘉里、江苏佐竹等外资企业，各地知名区域性粮食集团、大型民营粮食企业悉数参展。福建、安徽等省粮机企业将新产品、新技术发布会开到了粮交大会现场。

第二届交易大会具有几个明显特点：

一是展会规模大、综合性强，内容丰富。参展企业多，参展面积大，参展观众创纪录。综合展区是大会的亮点，中华人民共和国成立 70 周年成就展区向社会展示了粮食和物资储备系统所取得的辉煌成就；粮食行业"一带一路"建设实践展、科技成果展和消费品鉴展区的设立丰富了展会的内容与形式，吸引了大批观众驻足观看；各省全部以特装形式参展，通过不断创新展出项目和丰富展出形式，以提升品牌和促进产销衔接为重点，充分展现近年来

优质粮食工程建设的成果，起到了突出主题，放大效果的积极作用。

二是同期活动层次高、亮点多、精彩纷呈。同期举办的供应链创新论坛和粮油政策及供求形势分析会，出席论坛和会议的领导、专家学者和企业家，深度解读了国家有关政策，精准分析当前粮食形势，多视角开展路径探讨，提出了许多前瞻性、指导性的意见和建议，为研判国际国内粮食形势起到了很好的启发和借鉴作用，为下一步推进粮食"三链"协同、高质量发展拓宽了视野、提供了重要参考。

三是交易活动形式多、合作深、成果丰硕。线上线下交易活动并行，既有省际间战略签约，也有企业间购销、项目、科技签约。各类购销总金额、成交总金额相比上届均有大幅提升。第二届交易大会省际间共签署战略协议24份，企业间达成采购和销售各类粮油意向1925万吨，共成交各类粮油1520.9万吨，金额417亿元。其中，通过国家粮食电子交易平台线上成交各类粮油965.2万吨，金额215.6亿元；线下成交各类粮油产品555.7万吨，金额201.4亿元。各类粮油机械现场销售及意向签约1806台（套），金额5.9亿元。

第二届中国粮食交易大会，是展现我国粮食产业发展成果的一次盛会，是粮食产销衔接的重要平台，是引领粮食产业高质量发展的风向标，是践行初心使命、服务低收入群众的有效载体，是聚焦河南粮食产业、助力"中原更加出彩"的具体行动。这次交易大会，汇聚粮食商贸精英，推介优质粮油产品，共享信息、对接需求，着力构建产销合作新格局，助力粮食产业高质量发展，具有展示成就、引领产业、促进贸易、扩大消费的重要功能，必将为广大客商深入对接、合作共赢搭建更大平台，创造更多机遇。

撰稿单位：国家粮食和物资储备局粮食交易协调中心

撰稿人：姜青志、毕一卓

审稿人：陈军生

第四部分

粮食流通和储备监管

一 粮食仓储管理

总体上看，经过多年积累和发展，我国粮食仓储设施总量充裕，储粮技术应用居世界前列，粮食仓储设施功能整体良好，"四合一"储粮技术基本普及应用。但最近几年，我国粮食库存持续高企，承储企业点多面广、规模不一、性质多元，仓储设施区域分布不均衡、类型复杂，储粮技术应用良莠不齐、使用和管理粗放，仓储专业人员专业能力参差不齐，储粮安全仍存在一定隐患。尤其是新一轮党和国家机构改革后，部分地区机构职能弱化、基层粮食行政管理部门撤并等，给粮食仓储管理带来一定压力和挑战。

2019年，粮食仓储管理工作以新发展理念特别是绿色发展理念为引领，贯彻"藏粮于地、藏粮于技"战略精神，聚焦国家储备安全核心职能，促进粮食产业高质量发展，以"优粮优储、优仓优用"为切入点，在夯实基础、规范提升、交流指导、加强研究方面持续发力。一是开展基础研究，完善仓储管理制度体系。组织开展"粮仓分类分级研究""粮食仓储管理规范化研究"和"粮食储备承储安全管理研究"。从"仓""储""管理"三个维度立意，体现仓储管理提质增效发展的最新要求，通过研究成果转化，支撑仓储管理政策制度体系不断完善。二是发挥行业指导作用，促进仓储管理和储粮技术应用交流。召开机构改革后第一次全国"仓储管理交流现场会"，创新制作"储粮技术短片""储

粮专家微课"和"仓储保管规范操作示范片"等，充分利用粮食行业公益性科研专项成果，发挥"互联网+"技术优势，加强对基层仓储保管人员专业知识和技能的培训，促进规范作业。三是引领绿色发展，推动实现"绿色仓储"。顺应粮食储备体制机制改革要求，聚焦储备安全核心，助力粮食产业高质量发展。引领和指导各地对符合条件的标准仓房进行技术改造和功能升级，做到"低温恒准低温储存、化学药剂减量增效、仓储作业环境友好"，着力实现"绿色仓储"。通过仓储环节"优粮优储"增加绿色优质原粮供给，推动新时代粮食仓储提档升级，进而构建产购储加销"五优联动"体系，促进粮食产业高质量发展。四是深化改革，调整中央储备粮承储管理方式。贯彻党中央国务院"放管服"改革精神，落实粮食储备管理体制机制改革要求，不再进行中央储备粮代储资格认定，逐步过渡到完全由中国储备粮管理集团有限公司直属企业承储。

撰稿单位：国家粮食和物资储备局安全仓储与科技司

撰稿人：李鹏飞

审稿人：彭扬

| 二 | 粮食流通秩序规范 |

（一）完善粮食行政执法制度

2019年4月印发《国家粮食和物资储备局办公室关于全面推行行政执法公示制度执法全过程记录制度重大执法决定法制审核制度的实施方案》，共安排了3大类18项具体工作，其中，需长期执行的5项，制度建设12项，硬件建设1项。11月，完成《国家粮食和物资储备局粮食行政执法"双随机"抽查事项清单》等6项制度起草工作，着力推进粮食流通执法透明、规范、合法、公正，推动形成权责统一、权威高效的粮食流通行政执法体系，努力确保国家粮食和物资储备局依法履职，切实维护人民群众合法权益。

（二）加强粮食收购市场监管

主动适应粮食收储市场化收购，监管主体多元化、监管对象急剧增加的新形势，积极担当、主动作为，牢牢守住不发生区域性"卖粮难"底线，2019年5月、11月先后印发《国家粮食和物资储备局关于加强2019年夏季粮油收购监管工作的通知》和《国家粮食和物资储备局关于做好2019年秋粮收购监督检查工作的通知》，要求各地突出抓好国家粮食收购政策执行情况的监督检查，强化粮食市场化收购的监督检查，同时开展监管政策宣传解读。收购期间，强化督导调度，共派出10个督导组，分赴粮食收购重点省份，督促指导各地主动适应粮食收储制度改革新形势，保护种粮农

民利益，压实监管责任，保障国家粮食收购政策落实到位。

地方各级粮食和储备部门按照国家粮食和物质储备局部署，加大粮食收购政策执行情况的专项检查力度。内蒙古、辽宁、吉林三省区转变思路、主动担当、积极作为，加大对市场化收购秩序的检查力度，切实维护了种粮农民利益。江西通过开展联合执法，积极加强与市场监管等部门的协作，联合开展收购市场执法检查，形成监管合力，增强检查工作的针对性和有效性，重点检查托市收购和中储粮轮换收购库点，维护了收购市场秩序。江苏、山东、河南、安徽4省签订了《苏鲁豫皖毗邻地区粮食流通执法督查合作协议》，北京、天津、河北三省市积极开展区域执法协作，通过召开区域粮食流通执法督查联席会议，部署跨区域收购市场检查。湖南开展"雁过拔毛"专项治理工作，重点整治粮食企业干部职工利用职权便利，在收购过程中违规收受钱物，索拿卡要、故意增扣量，收"人情粮""关系粮"。

总体来看，未发生区域性"卖粮难"等问题，收购工作总体平稳有序。

（三）加强政策性粮食销售出库监管

积极参与粮食库存消化有关方案的制定，加强对库存消化形势的研判，对粮食销售中出现的趋势性问题、个别地区存在的普遍性问题予以重点关注，提出有针对性的完善政

策和管理措施意见。联合国家发展和改革委员会、财政部、农业农村部、国家市场监督管理总局、中国农业发展银行等有关部门印发《关于做好政策性粮食销售出库监管工作的通知》，对不同方式销售的粮食实施分类监管、全过程封闭监管，进一步分清压实各方责任。督促指导地方粮食和储备部门狠抓落实，积极作为，采取得力措施，切实加强销售出库监管，妥善化解矛盾纠纷，严肃查处掺杂使假、拖延阻挠出库等违法违规行为，依法治理各种形式的"出库难"。

地方各级粮食和储备部门按照国家粮食和物资储备局部署安排，狠抓落实，加大政策性粮食销售出库检查力度。湖南开展了为期 5 个月的政策性粮食"出库难"专项整治集中行动，规范了粮食销售出库收费标准，降低竞买企业不合理负担。同时，严抓超标粮食处置监管，压实企业主体责任，实施全程监管，逐厂逐库落实监管员，实行"24 小时值班盯守"。内蒙古会同中储粮内蒙古分公司组成联合调查组，开展突击检查、暗查暗访，对辖区内政策性粮食销售重点区域进行专项检查。江西要求南昌国家粮食交易中心及时向省局报送每笔政策性粮食成交情况，省局将交易结果分解至各市、县并督促其落实属地监管责任，严肃查处"出库难"问题。同时，加大对定向出口大米代加工企业的监管，及时分解下达每批次定向销售粮食监管通知，要求按月报送监管信息，及时处置情况。

总体来看，各地切实加强组织领导，落实责任分工，认真处理纠纷，为合理消化粮食库存创造了良好的市场环境，确保政策实施达到实效。

（四）加强 12325 全国粮食流通监管热线运行管理

2019 年是 12325 全国粮食流通监管热线（以下简称"热线"）上线运行的第二年，热线始终按照打造法制化、规范化、群众化、信息化热线的思路加强管理，制度机制不断完善，运行平稳顺畅。一是加强制度建设。针对热线运行中存在的问题，印发《关于加强 12325 热线管理进一步提高线索核查效率和质量的通知》《12325 全国粮食流通监管热线线索核查情况报告基本规范（试行）》，对办理案件提出了明确的程序和实体要求，对核查中存在的个别敷衍应付现象，坚决退回整改；将投诉举报核查情况纳入粮食安全省长责任制年度考核内容，压实核查责任，提升热线公信力。二是进一步完善热线运行机制。在全力发挥热线原有功能的基础上扩展延伸系统平台功能，将信访、纪检监察、"局长信箱"等其他渠道接收的涉粮问题线索，统一纳入系统平台处理。问题线索通过系统平台的分办、转办、督办、反馈等流程，做到无缝衔接，实现办理过程电子化留痕。三是强化信息化共享。根据国务院部署要求，与国家"互联网＋监管"系统进行有效对接，定期报送主要数据，实现信息共享。四是不断加大热线宣传力度。各级粮食和物资储备部门结合粮食科技活动周、世界粮食日等活动，通过政府网站和公众号以及光明网等主流媒体加强宣传，有效扩大了热线在售粮农民和涉粮企业中的知晓度，热线"热度"不断上升。

（五）切实维护涉粮企业和农民的合法权益

2019 年，热线接收投诉举报上万次，有

效投诉举报同比增长 3.7%，受理同比增长
13.6%。在各级粮食和储备行政管理部门和有
关单位共同努力下，案件办结率 100%，群众
满意度不断提高，密切联系涉粮企业和广大
农民，热线成为了企业的"传声筒"、农民的
"连心线"。通过对线索案件的有效分办、查
办、催办、督办和结案审查，热线在严厉打击
粮食流通违法犯罪行为，维护粮食流通秩序，
切实保护人民群众利益等方面发挥了重要作
用。一是较好地维护了涉粮企业和广大农民利
益。全年共兑现拖欠农民售粮款近 6 千万元，
协调履约粮食出库约 37 万吨，避免 6 千多吨
食品安全指标不合格粮食流向百姓餐桌。二是
在维护粮食流通秩序方面发挥了重要作用。通
过热线线索核查，有效发挥粮食流通监管"前
哨"作用，聚焦案件暴露的薄弱环节，找准问
题、精准施策，不断完善监管措施，加大监管
力度，将问题解决在萌芽状态，收到了"靶向
打击"效果。三是在完成大清查等重点任务中
发挥了重要作用。在全国政策性粮食库存数量

和质量大清查期间，热线系统设立专门板块受
理相关线索，确保第一时间分办至相关省级大
清查协调机制办公室进行核查。四是在促进粮
食流通秩序法制化建设方面发挥了积极作用。
注重对线索问题的汇总分析，及时形成粮食流
通中存在的"苗头性、倾向性、潜在性"问题
分析报告，有关单位及时跟进并研究出台相关
规章制度，热线集中反映的拖欠粮款、政策性
粮食出库难以及违规销售不合格粮食等问题得
到有效遏制。

2019 年各地粮食和储备部门认真落实属地
监管责任，扎实开展粮食流通监督检查工作，
全年共开展检查 9 万余次，检查粮食经营主体
24 万余个，作出处理和行政处罚 3678 个，切
实有效维护市场秩序。

撰稿单位：国家粮食和物资储备局执法督
查局

撰稿人：李阳、孙志军

审稿人：钟海涛、朱之光

专栏 4　中央事权粮食政策执行和中央储备粮管理考核

对中储粮集团公司中央事权粮食政策执行和中央储备粮管理情况开展考核，是党中央、国务院从确保国家粮食安全的战略高度做出的一项重要制度安排，是构建更高层次、更高质量、更有效率、更可持续的粮食安全保障体系的有力举措。国家发展和改革委员会高度重视，国家粮食和物资储备局认真履职，扎实完成 2018 年度"首考"。

（一）2018 年度中储粮考核开展情况与经验总结

根据 2018 年度考核实施方案，重点考核粮食数量质量、中央储备粮轮换、政策执行等方面内容，按照企业自评、实地考核、随机重点抽查等步骤有序推进。考核开展以来，各级各单位明向加压、各负其责，较高质量完成企业自评、垂管局实地考核、随机重点抽查、综合考核报告撰写等阶段工作任务。认真分析总结，坚持问题导向、结果导向，客观公正考核评价，形成了 2018 年度中央事权粮食政策执行和中央储备粮管理情况年度考核结果报告，及时报送国务院，通报有关部门单位。

历时一年，"首考"交出合格答卷。充分体现了各部门各单位坚决贯彻党中央国务院保障国家粮食安全的决策部署，取得了良好成效，更加坚定了管好国家粮仓的信心和决心。考核积累了宝贵的经验，制定印发的 2018 年度中央事权粮食政策执行和中央储备粮管理情况《考核方案》和《考核评价细则》，初步建立起切实可行的考核工作机制。扎实完成垂管局近 500 人培训，提升了监管队伍业务技能。垂管局首次"实战"，敢于斗争，如期完成实地考核，锻炼了监管队伍，为稳步推进中央储备在地日常监管打下良好的基础。

（二）进一步加强中央储备管理的具体举措

为坚决扛稳粮食安全重任，进一步压实中储粮集团公司主体责任，确保中央储备粮绝对安全，确保中央事权粮食政策得到有效执行，根据 2018 年度考核情况，采取了如下四项措施：

第一，直面问题并切实抓好整改。加强考核发现问题跟踪督办，督促中储粮集团公司举一反三、真改实改，压实承储企业整改责任，实施问题整改清单管理，力求追责问责到位。国家粮食和物资储备局及时组织开展问题整改"回头看"，对整改情况进行复核，努力确保取得实效。

第二，加强内控治理，夯实企业主体责任。督促中储粮集团公司切实守住数量真实、质量良好、储存安全底线，确保粮食宏观调控政策执行到位。严格执行中央储备粮计划及相关规定，不得从事其他商业经营活动；严格执行最低收购价预案，加强中央事权粮食销售出库管理，保障卖粮农民和买粮企业合法权益。强化企业内控管理，严守安全管理有关规定，消除生命财产安全隐患。

第三，严格外部监督，压实行政监管责任。充分发挥国家粮食和物资储备局垂直管理机构在地监管作用，健全监管机制，保障监管经费，加强队伍建设，推动中央储备行政监管重心下沉、关口前移，确保中央储备垂直监管发挥主力军作用。压实地方政府对辖区内中央事权粮食承储企业的属地监管责任。通过12325全国粮食流通监管热线，加大涉粮违法违规案件查处力度。

第四，强化考核导向作用。推动年度考核和日常监管有效衔接，增强考核的精准性，充分发挥考核指挥棒作用。总结有效做法，优化考核机制。

撰稿单位：国家粮食和物资储备局执法督查局

撰稿人：于永越、易文杰、王福东、杨乔伟

审稿人：钟海涛

三　粮食质量安全监管

（一）粮食质量安全检验监测能力显著提升

1. 不断推动粮食质量安全检验监测体系建设

2019 年，粮食质量安全检验监测体系建设是"优质粮食工程"建设项目的重要组成部分，各地粮食和储备部门加大工作力度，加强组织协调、高位指导，规范项目管理，狠抓重点环节，加大培训力度，取得显著成效。截至 2019 年底，全国粮食检验监测机构达到 959 个，其中省级 32 个，地市级 285 个，县级 642 个，拥有检验仪器设备近 7 万台套，办公及实验室面积 71 万平方米。目前粮食检验机构人员共有 6 千余名，具有高级、中级技术职称的占 39%。其中专业检验人员 4 千余名，行业整体检验监测能力得到显著提升。

2. 积极探索建立粮食质检服务新机制

为主动适应粮食收储制度改革对粮食质量安全监管的新要求，充分发挥国家粮食质量监测体系作用，深入研究质检体系发展定位，研究探索通过强化政策性粮食外部监管、拓展质检技术服务等方式，建立适应深化改革、转型发展新形势要求的机构运行机制。研究起草了《关于创新完善体制机制健全体系提升能力助推高质量发展的指导意见》。地方粮食和储备部门积极适应事业单位改革、检验检测资源整合等新形势，积极作为、加强协调、争取主动。许多地区探索与当地中心粮库、加工厂、职业学院实行"站库合一""政企合建""站院融合"等多种方式联建共建，资源共享、人员共用、优势互补、合作共赢，提升了利用效果和服务水平。

（二）粮食质量安全监管工作稳步推进

1. 认真开展质量大清查工作

2019 年全国政策性粮食库存数量和质量大清查工作是党中央、国务院做出的重大部署。质量大清查工作任务重、劳动强度大、持续时间长、技术要求严、社会关注高，是大清查工作的重中之重。通过近百天的奋战，全国质量大清查共检查样品 17.3 万份，获得检验数据 163.2 万个，构建了分区域、分性质、分品种、分库点、分货位的全国政策性粮食质量档案。据不完全统计，全国质量大清查共组织扦样人员 3200 多人，检验人员超过 2000 名；累计扦样工作超过 10 万人次 / 天，检验工作超过 6 万人次 / 天。各地检验机构全员上阵，不讲条件、不计代价，加班加点、任劳任怨，发扬敢于打硬仗的精神，高质量地完成了质量大清查工作，为党中央、国务院交上一本质量"明白账"。

2. 积极开展粮食质量安全监测

一方面，大幅提高收获粮食质量安全监测样品数量，2019 年采集新收获粮食监测样品 25779 份，获得质量安全检验数据 40 余万个，其中国家级收获粮食质量安全监测样品同比增加近 60%。另一方面，创新监测方式，采取集中会检模式，有效提升了监测工作时效性和客观性。及时掌握新收获粮食质量安全状况，向社会提供、发布粮食质量和品质测报信息，为完善粮食收购政策、加强食品安全监管、优化种植结构、帮助农民增产增收、促进粮食产销衔接提供了技术支撑，发挥了重要作用。

（三）粮食质量安全管理水平不断提升

1. 继续加强法规制度建设

坚持问题导向和底线思维，不断健全完善粮食质量安全管理各项制度。贯彻落实中央关于加强食品安全工作和加强粮食储备安全管理的若干意见要求，研究起草配套文件，构建粮食质量管理制度框架。各地通过建立和完善地方法规、管理制度等方式，出台了一批具体的管理办法，为依法开展监管、规范粮食经营活动提供了制度保障。

2. 积极开展粮食标准质量宣传与培训

国家粮食和物资储备局会同内蒙古自治区人民政府在呼和浩特市举办了 2019 年"全国食品安全宣传周·粮食质量安全宣传日"主会场活动。各地粮食和储备部门组织专家编印专题科普宣传册，通过发放宣传资料、播放科普视频、布置宣传展板、悬挂宣传横幅等方式，累计发放上百万份宣传材料，向广大市民宣传普及食品安全和粮食质量安全知识，详细介绍各级粮食部门近年来开展粮食质量安全工作的情况，收到了良好效果。并结合工作实际，强化专业技术和业务培训，开展粮食标准化工作和粮食检验技术培训班，统一检验操作方法和判定尺度，不断提升行业标准化和检验技术人才队伍业务素质。

撰稿单位：国家粮食和物资储备局标准质量中心

撰稿人：尹诗文

审稿人：张庆娥

专栏 5　全国政策性粮食库存数量和质量大清查

2019 年全国政策性粮食库存数量和质量大清查，是在党和国家新一轮机构改革、喜迎中华人民共和国成立 70 周年和即将全面建成小康社会背景下开展的，对于防范化解粮食库存安全风险、改革完善粮食储备管理体制机制，具有重大深远意义，特别及时且十分必要。自 2018 年 7 月国务院办公厅印发《关于开展全国政策性粮食库存数量和质量大清查的通知》以来，各级政府和有关部门按照国务院统一部署和部际协调机制统筹协调，始终坚持问题导向、结果导向，通过企业自查、省市普查、国家抽查、结果汇总等阶段，全面清查了政策性粮食库存数量和质量情况。清查结果表明，全国政策性粮食库存账实基本相符，质量总体良好，储存较为安全，结构布局逐步改善。大清查达到了摸清家底，向党和国家交一本实实在在"明白账"的预期目的。

（一）提高站位，精心组织

大清查部际协调机制认真贯彻落实党中央、国务院决策部署，统筹谋划推动大清查各项工作，召开 2 次全国视频会议、3 次全体成员会议，组织开展 3 次联合督查，在大清查关键节点对重点环节进行指导，推动各地严格按要求开展工作。部际协调机制办公室在历年库存检查工作基础上，改进检查方法，提高实物测量、账实差率和质量安全检查标准，编印教材资料 45 万册，培训检查人员 7.9 万人次。

31 个省（区、市）、345 个市（地、州、盟）、2181 个县（市、区）均成立了由政府负责同志为召集人的大清查工作领导机构，履职尽责，担当作为。中央和地方财政积极落实经费保障，从严使用。通过统一思想认识，从严规范清查要求，确保了大清查工作依规依标、科学推进，确保了清查过程不走样，清查结果真实可靠。

（二）周密实施，压茬推进

2019 年 4 月，2.2 万家企业认真开展自查；地方各级政府派出 9000 余人，对企业自查实现全覆盖督导。5 月，各省级大清查协调机制抽调 1.3 万余名检查人员，组成 1300 多个普查组，对纳入清查范围的政策性粮食收储库点逐仓逐货位进行全面普查。6 月，国家有关部门派出 25 个联合抽查组和 3 个随机流动检查组，对黑龙江等 17 个重点省份进行抽查。通过各地各部门挂图作战、打表推进、统筹安排，整合各方资源力量，确保了各阶段检查工作环环相扣、协调一致、取得实效。

（三）突出重点，创新方法

围绕彻底摸清政策性库存粮食数量、质量实底这个目标，突出对重点品种、重点区域、重点企业的检查。全面落实"谁主管、谁负责，谁清查、谁负责，谁签字、谁负责"规定，明确各阶段各环节清查主体责任。充分发挥 12325 全国粮食流通监管热线作用，对清查过程中收到的投诉举报线索进行认真分析核实，不放过苗头性、潜在性问题。运用现代信息化技术手段，开发应用大清查软件系统，开展 24 小时在线技术服务，形成数量检查工作底稿数据 77 万条、质量检验数据 163 万个，首次建立了分区域、分性质、分品种、分库点、分货位的全国政策性粮食库存数量和质量数据库，提高了大清查效率和质量，为分析研判国家粮食宏观形势，制定完善政策措施提供了翔实的数据支撑。

（四）正面宣传，加强监督

部际协调机制办公室制定全面细致的大清查宣传预案，加强舆论引导和舆情监测，及时回应社会关切。商请中央主流媒体，以答记者问等形式开展政策解读，重大事件及时宣传报道，为大清查开展营造氛围。在国家粮食和物资储备局政府网站开通专栏，强化正面宣传。编印大清查工作简报 40 余期，向各地发放宣传海报 4 万余张。积极鼓励社会公众参与，接受各方监督，拓宽问题线索发现渠道；部分省份还邀请人大代表、政协委员参与，提高清查工作的透明度和公信力。

（五）强化整改，压实责任

对清查过程中发现的政策性粮食库存管理中存在的突出问题，要求各地区、各单位边查边改，立行立改，对不能立即整改的，形成问题清单，建立整改台账，限期整改。及时调度梳理各地清查过程中存在的问题，专门印发通知，要求各省重点关注，并做好举一反三。坚决查处涉粮案件、严肃问责相关企业人员，达到"处罚一个、警示一批、教育一片"的目的，发挥了大清查震慑作用。分别向中储粮集团公司和 31 个省份下达了发现问题整改通知，督促狠抓整改落实，进一步压实各方责任。适时组织开展大清查发现问题整改"回头看"，切实推动解决库存管理中的"顽疾"，进一步健全库存管理长效机制，推动监管工作的规范化、制度化。

撰稿单位：国家粮食和物资储备局执法督查局

撰稿人：安佳宁

审稿人：钟海涛、朱之光

第五部分
粮食质量标准

一 总体状况

国家粮食和物资储备局立足粮食流通改革发展实际，紧紧围绕供给侧结构性改革和国家粮食安全战略，按照高质量发展要求，推进粮食标准化全面发展。截至 2019 年底，负责管理的标准共 660 项，包括粮食国家标准 359 项、行业标准 301 项，已形成包括产品标准、检验方法标准、储藏、物流、信息、加工机械设备和检验仪器标准、行业管理技术规范标准等在内的比较完整的粮食标准体系，基本覆盖了粮食生产、收购、储存、加工、运输、销售等各个环节。

2019 年，粮食国际标准化工作深入贯彻新发展理念，落实高质量发展要求，以推动粮食和物资储备标准化改革和提高中国标准国际化水平为目标，成功举办 ISO 谷物与豆类分委员会第 40 次会议，持续推动主导制定 ISO 国际标准，首次启动粮食标准外文版项目，以粮油国际标准化合作助力高水平开放和促进高质量发展。

撰稿单位：国家粮食和物资储备局标准质量中心

撰稿人：袁强、祁潇哲

审稿人：徐广超、张艳

二 主要粮食品种收获质量

2019 年继续在全国 20 个省份开展国家级新收获粮食质量调查工作，采集监测样品 8465 份（其中：小麦 1998 份、早籼稻 600 份、中晚籼稻 1824 份、粳稻 1010 份、玉米 2541 份、大豆 270 份、油菜籽 222 份）。按照粮食的收获季节，完成油菜籽、小麦、早籼稻、中晚籼稻、粳稻、大豆、玉米主产区的质量集中会检工作，基本掌握了 2019 年新收获粮食质量总体情况，并及时反馈和发布粮食质量和品质信息，为完善粮食收购政策，做好粮食收购工作提供了重要依据。

2019 年，14 个省（区、市）粮食和储备部门组织开展了品质测报工作，共采集样品 8500 余份，扦样范围累计覆盖 150 个市 700 多个县（区），获得检验数据 13 万个。各级粮食和储备部门丰富品质信息发布形式和渠道，指导当地粮食种植结构的调整，社会效益显著提升。

（一）早籼稻

安徽、江西、湖北、湖南、广东、广西 6 省（区）共采集检验早籼稻样品 600 份，样品覆盖 57 个市，全部为农户样品。从会检结果看，2019 年 6 省（区）早籼稻整体质量状况为正常水平。安徽省早籼稻整体质量较好，江西、湖北、广东、广西 4 省（区）早籼稻整体质量为正常年景水平，湖南省早籼稻整体质量较正常年景略有下降。食品安全指标监测发现的主要是镉超标问题，集中在湖南、江西、广西等省份。从会检结果看，出糙率、一等、三等以上比例较上年略有下降，整精米率较上年有所提高，不完善粒率为近年来较低水平。

6 省（区）全部样品检测结果为：出糙率平均值为 78.3%，较上年下降 0.2 个百分点。一等至五等比例分别为 42.5%、36.2%、15.7%、3.3%、1.7%，等外品为 0.6%；其中，一等比例较上年下降 1.1 个百分点；三等以上比例占 94.4%，较上年下降 2.2 个百分点。整精米率平均值为 53.6%，较上年增加 0.6 个百分点；其中，达到三等以上要求（44%）的占 88.3%，较上年增加 3.5 个百分点；达到一等要求（50%）的占 70.8%，较上年增加 3.7 个百分点。不完善粒含量平均值为 4.3%，较上年增加 0.9 个百分点。

（二）中晚籼稻

安徽、江西、河南、湖北、湖南、广东、广西、四川 8 省（区）共采集检验早籼稻样品 1824 份，样品覆盖 102 个市，全部为农户样品。从会检结果看，2019 年 8 省（区）中晚籼稻整体质量状况为正常年景水平；其中，河南、广东 2 省整体质量较好，安徽、江西、湖北、湖南、广西、四川 6 省（区）整体质量为正常年景水平。中晚籼稻出糙率、整精米率、一等品比例略低于上年，三等以上比例略高于上年。

8 省（区）全部样品检测结果为：出糙率平均值为 77.8%，较上年提高 0.1 个百分点；一等至五等稻谷比例分别为 23.9%、49.6%、21.6%、3.7%、0.9%，等外品为 0.3%；一等品比例较上年下降 3.0 个百分点；三等以上的（出糙率在 75% 以上）占 95.0%，较上年提高 2.0 个百分点。整精米率平均值为 57.8%，较上年下降 1.0 个百分点；其中，高于 50%（一等）的比例为 81.6%，较上年下降 3.2 个百分点。谷外糙米含量平均值为 0.6%；超标（大于 2.0%）比例为 3.3%，较上年下降 0.1 个百分点。

（三）粳稻

辽宁、吉林、黑龙江、江苏、安徽 5 省共采集检验粳稻样品 1010 份，样品覆盖涉及 49 个市，全部为农户样品。从会检结果看，2019 年粳稻整体质量为正常年景水平，但不如上年；其中，辽宁、吉林、江苏、安徽 4 省整体质量为正常年景水平，黑龙江省整体质量下降较多。粳稻出糙率、整精米率、一等品比例、三等以上比例均低于上年。

5 省全部样品检测结果为：出糙率平均值为 80.7%，较上年下降 1.2 个百分点。一等至五等稻谷比例分别为 50.5%、29.9%、13.2%、4.3%、1.3%，等外品为 0.8%；一等品比例较上年下降 27.9 个百分点；三等以上比例为 93.6%，较上年下降 4.3 个百分点。整精米率平均值为 67.3%，较上年下降 2.4 个百分点；其中，高于 61%（一等）的比例为 88.7%，较上年下降 2.5 个百分点。谷外糙米平均值为 1.1%，超标（大于 2.0%）比例为 13.3%，较上年下降 1.8 个百分点。

（四）小麦

河北、山西、江苏、安徽、山东、河南、湖北、四川、陕西9省共采集小麦样品1998份，样品覆盖91个市，全部为农户样品。从会检结果看，2019年小麦主产省整体质量状况良好，部分省为近年来最好。其中，一等和三等以上比例较上年明显上升；容重、降落数值明显好于上年，不完善粒率较上年略有降低；安徽、河南、陕西3省小麦整体质量为近年来最好，河北、山西、江苏、山东、湖北5省小麦整体质量为正常年景水平。

9省全部样品检测结果为：容重平均值为793g/L，较上年增加17g/L，变幅均在682~841g/L。一等至五等小麦比例分别为64.1%、23.2%、8.7%、2.6%、1.0%，等外品为0.4%，三等以上的占96.0%。一等比例较上年增加31.5个百分点，三等以上比例较上年增加10.4个百分点。千粒重平均值为43.1g，较上年增加2.3g，变幅在23.6~55.1g。不完善粒率平均值为3.9%，较上年降低3.7个百分点；其中，符合国标要求（≤8%）的比例为94.5%。硬度指数平均值在63.7，较上年下降0.3，变幅35.0~79.5。降落数值平均值为339s（降落数值越小，表示发芽情况越严重；国家标准要求不低于300s），较上年增加80s，变幅60~493s。

（五）玉米

河北、山西、内蒙古、辽宁、吉林、黑龙江、山东、河南、陕西9省（区）共采集玉米样品2583份，样品覆盖110个市（州、盟），全部为农户样品。从会检结果看，2019年9省（区）新收获玉米整体质量为正常年景水平，但不如上年好。其中，内蒙古、河南等省（区）玉米整体质量好于上年；辽宁玉米整体质量与上年基本持平；河北、山西、吉林、黑龙江、山东、陕西等省玉米整体质量不如上年。

9省（区）全部样品检测结果为：容重平均值为737.5g/L，较上年下降6g/L；一等至四等玉米比例为79.2%、15.8%、4.1%、0.9%，无五等及等外品，一等品率较上年下降7.2个百分点。不完善粒含量平均值为3.0%，较上年下降0.1个百分点；霉变粒含量平均值为0.1%，达标比例（≤2.0%）为99.4%。

（六）大豆

内蒙古、吉林、黑龙江3省（区）共采集大豆样品270份，样品覆盖17个市，全部为农户样品。从会检结果看，2019年3省（区）大豆整体质量为正常年景水平。内蒙古大豆整体质量不如上年，吉林大豆整体质量好于上年，黑龙江大豆整体质量为正常年景水平。一等品率、高油大豆比例较上年有所增加，三等以上比例、高蛋白大豆比例较上年有所下降。

3省（区）全部样品检测结果为：大豆粗蛋白质含量平均值为40.1%，较上年下降0.3个百分点，变幅36.7%~44.0%；符合高蛋白大豆标准的比例为52.2%，较上年下降7.8个百分点。粗脂肪含量平均值为20.1%，与上年持平，变幅在17.9%~22.4%；符合高油大豆标准的比例为54.4%，较上年增加7.9个百分点。经了解，内蒙古和吉林2019年推进种植结构调整，推广高油大豆种植，导致高油大豆比例增加。

（七）油菜籽

江苏、安徽、江西、河南、湖北、湖南、四川7省共采集油菜籽样品222份，样品覆盖44个市，全部为农户样品。从会检结果看，2019年大部分主产省在油菜籽生长收获期间，气候适宜，雨水较少，油菜籽整体质量较好。其中，三等以上比例明显好于上年；未熟粒、生芽粒较上年略有增加，生霉粒、热损伤粒较上年略有下降。

7省全部样品检测结果为：含油量平均值为39.2%，较上年增加0.9个百分点，变幅在28.1%~45.5%。一等至五等油菜籽比例分别为13.5%、30.2%、25.7%、19.8%、7.2%，等外品比例为3.6%；三等以上比例为69.4%，较上年增加12.7个百分点。未熟粒平均值为0.5%，最大值为8.0%，全部符合标准要求（≤15.0%）。生芽粒平均值为1.0%，最大值为50.0%，符合标准要求（≤2.0%）比例为94.6%。生霉粒平均值为0.6%，最大值为18.0%，符合标准要求（≤2.0%）比例为96.4%。热损伤粒平均值为0.0%，最大值为1.4%，全部符合标准要求（≤2.0%）。脂肪酸组成检测结果表明，样品中芥酸含量的平均值为14.5%，变幅在0~55.6%；含量不超过3.0%（低芥酸）比例为37.4%，较上年增加8.4个百分点。

撰稿单位：国家粮食和物资储备局标准质量中心

撰稿人：袁强、祁潇哲

审稿人：徐广超、张艳

三　优质和专用粮食品种质量

（一）早籼稻

湖北省采集的优质品种中，符合《优质稻谷》国家标准的比例为20.3%，较上年提高3.1%，部分未达标的主要原因是垩白度和食味品质较低。湖南省采集优质早籼稻样品中，全项符合优质稻谷国家标准的比例为21%，部分未达标的主要原因是不完善粒含量和杂质含量相对较高。广东省采集的优质品种中，符合优质稻谷国家标准的比例为23.8%，较上年同期提高9.2%，部分未达标的主要原因是垩白度和不完善粒含量较高。

（二）中晚籼稻

湖北省采集的优质品中，符合《优质稻谷》国家标准的比例为59.3%，较上年增加了6.7个百分点。广东省采集的晚籼稻样品中，优质稻谷的比例为67.9%，较上年增加0.9个百分点，优质一等、二等、三等的比例为1.6%、40.3%、26.0%。

（三）粳稻

吉林省采集的优质样品中，符合全项优质稻谷国家标准的比例为24.4%，各项指标达标率分别为：直链淀粉含量100%、食味品质

100%、垩白度 85.6%，整粳米率 96.7%、不完善粒含量 32.8%。江苏省采集的优质品种中，达到优质稻谷国家标准的比例为 11.3%。

（四）小麦

江苏省采集的优质小麦品种中，优质强筋小麦达标比例为 9.5%。湖北省采集的优质小麦品种中，优质强筋小麦达标比例为 4.2%，部分未达标的主要原因是湿面筋含量和稳定时间达标率低；优质弱筋小麦达标比例为 1.7%，部分未达标的主要原因是粗蛋白含量和稳定时间达标率较低。

（五）玉米

河北、山西、内蒙古、辽宁、吉林、黑龙江、山东、河南、陕西 9 省（区）淀粉含量平均值为 71.5%，较上年下降 0.4 个百分点，变幅在 66.6%~75.2%。粗蛋白含量平均值为

9.2%，与上年持平，变幅在 6.5%~14.2%。粗脂肪含量平均值为 4.1%，较上年增加 0.5 个百分点，变幅在 2.9%~5.5%。

（六）大豆

内蒙古、吉林、黑龙江 3 省（区）大豆粗蛋白质含量平均值为 40.1%，较上年下降 0.3 个百分点，变幅在 36.7%~44.0%；符合高蛋白大豆标准的比例为 52.2%，较上年下降 7.8 个百分点。粗脂肪含量平均值为 20.1%，与上年持平，变幅在 17.9%~22.4%；符合高油大豆标准的比例为 54.4%，较上年增加 7.9 个百分点。

撰稿单位：国家粮食和物资储备局标准质量中心

撰稿人：袁强、祁潇哲

审稿人：徐广超、张艳

专栏 6　"粮安工程"

2013 年"粮安工程"全面实施以来，在各级发展改革委和财政部门的大力支持下，粮食部门切实加强组织领导和统筹协调，全力推进"粮安工程"建设，取得了明显成效。

一是在粮油仓储设施建设方面，2013~2019 年，累计安排中央预算内投资近 200 亿元，安排 1800 多亿斤粮食仓储设施建设任务，粮食收储能力大幅提升，布局不断优化，为粮食收储奠定了坚实的物质基础。2013~2017 年，中央财政累计补助 100 多亿元用于"危仓老库"粮库维修改造和粮库智能化升级改造，极大地改善了粮食仓储设施条件，提高了粮食行业信息化管理水平，有效保障了粮食收储安全。

二是在粮食物流通道建设方面，2013~2019 年，累计安排中央预算内投资 80 多亿元，建设和配置了一大批散粮设施，八大跨省粮食物流通道更加完善，"两横六纵"八条重点线路更加顺畅，在重要枢纽节点布局建设了一批集粮食仓储、物流、加工、交易等功能于一体的粮食物流园区，辐射带动和调拨集散能力明显提升，散粮运输比例稳步提升，粮食物流效率明显提升。

三是在应急供应体系建设方面，2017 年，国家发展和改革委员会、原国家粮食局联合印发了《粮食安全保障调控和应急设施中央预算内投资专项管理办法》，将粮食应急体系建设项目纳入中央预算内投资支持范围。

截至 2019 年底，全国共确定应急供应网点 44601 个、应急加工企业 5388 个、应急配送中心 3170 个、应急储运企业 3454 个，涵盖加工、配送、储运、供应的粮油应急供应体系进一步完善。

四是在粮油质量安全能力建设方面，2013~2016 年，累计安排中央预算内投资 6 亿多元用于粮食质量安全检验监测能力建设；2017 年起，财政部和国家粮食和物资储备局启动实施优质粮食工程，其中对粮食质量安全检验监测体系建设给予中央财政支持。通过财政支持，计划到 2020 年末，形成由 6 个国家级、32 个省级、305 个市级、960 个县级粮食质检机构构成的粮食质量安全检验监测体系。

五是在粮食节约减损方面，2013 年以来，粮食储存、物流、加工、消费等各环节的节约减损工作不断推进。2013~2016 年，累计安排中央预算内投资约 9 亿元，为 400 多万农户配置科学储粮装具，使农户存粮环节损失浪费有效减少。2017 年起，通过优质粮食工程，对粮食产后服务体系建设给予中央财政支持，为种粮农民提供"代清理、代干燥、代储存、代加工、代销售""五代"服务，并同步实施农户科学储粮建设。同时，随着现代粮食仓储物流体系的不断完善，粮食储存、运输环节的损耗明显降低，品质保障能力不断提高。另外，积极引导粮油加工企业节粮减损，持续推进爱粮节粮宣传活动，对促进全社会节粮减损、反对浪费发挥了重要作用。

撰稿单位：国家粮食和物资储备局规划建设司

撰稿人：樊利楠、展圣洁、常世超

审稿人：钱毅、刘翔宜、晁铭波

四　粮食标准化

（一）发布实施粮食和物资储备标准化改革发展意见

2019 年 9 月 24 日，国家粮食和物资储备局、国家标准化管理委员会联合印发了《关于改革粮食和物资储备标准化工作 推动高质量发展的意见》，对粮食标准化工作深化改革、转型发展做出部署，明确粮食和物资储备标准化建设的工作目标：到 2025 年，着力构建全要素、全链条、多层次的现代粮食全产业链标准体系，基本建成结构合理、衔接配套、适应高质量发展要求的物资储备标准体系。标准化管理体制机制进一步健全，标准制修订管理更加规范、科学、高效。标准得到广泛普及应用，对粮食和物资储备高质量发展引领作用充分发挥。标准化国际合作交流更加深入，中国粮食标准国际影响力进一步提升。提出六项重点任务：一是大力推进强制性标准修订和转化；二是着力提高重点领域标准制修订水平；三是增加标准有效供给；四是完善标准化管理体制机制；五是提高粮食和物资储备标准国际化水平；六是提升标准化基础能力水平。

（二）推进粮食标准制修订工作

一是坚决落实好国务院强制性国家标准整合精简后续工作，在发布《玉米》标准的基础上，积极推进小麦、稻谷、大豆等主粮强制性国家标准修订工作。目前已完成《大豆》标准征求意见稿和《稻谷》标准的修订立项，完成

《小麦》公开征求意见。二是围绕人民群众美好生活需求，重点抓好与百姓生活密切相关的《小麦粉》《食用调和油》等推荐性国家标准的制修订工作。已完成《食用调和油》《小麦粉》征求意见稿。三是进一步完善粮食行业标准体系，推动粮食标准化工作高质量发展。为满足行业急需，2019 年下达了《富硒大米》《多杀霉素防治储粮害虫技术规程》等 69 项粮食行业标准制修订计划，申请《食用植物油销售包装》等 26 项国家标准，报批《粮油储藏 植物油库安全生产操作规程》等 21 项国家标准，上网公开征求意见标准共 42 项。同时，强化标准引领，发布《油用牡丹籽》等 37 项行业标准，发布《粮食物流名词术语》等 27 项国家标准。审定 51 项粮油行业标准。

（三）完成全国粮油标准化技术委员会换届工作

按照国家标准化管理委员会有关技术委员会的要求，2019 年 2 月，全国粮油标准化技术委员会启动了换届工作，11 月 20 日，国家标准化管理委员会正式批复了第三届粮油标准化技术委员会（以下简称"粮标委"）。第三届粮标委委员名单总计 65 人，由国家粮食和物资储备局副局长黄炜任主任委员，并邀请到了陈坚、孙宝国、沈建忠三位院士担任委员。新一届粮标委的成立，有利于更好地开展粮油标准制修订工作，有效地推动粮油标准化工作，

对确保国家粮食数量安全、质量安全和消费安全，促进粮食行业高质量发展，都具有极其重要的意义。

（四）开展粮食和物资储备标准化培训

2019 年 10 月 30 日至 11 月 1 日在山东青岛举办了粮食和物资储备标准化工作培训班，来自各省、自治区、直辖市和新疆生产建设兵团粮食和物资储备局以及各垂直管理局负责标准化工作的处室负责人、各省粮食质量监测中心负责人近 140 位学员参加了此次培训。培训取得良好成效：一是加深了对粮食和物资储备标准化工作的理解和认识，为今后粮食和物资储备标准的制修订打下良好基础。二是掌握了粮食和物资储备标准制修订的主要方法和基本程序，对今后标准起草编制工作具有重要指导作用。

（五）开展粮食国际标准化工作

1. 认真履行 ISO 谷物与豆类分委员会秘书处职责

2019 年共发布工作文件 42 项，组织 23 项投票，发布国际标准 3 项，分别是：《谷物中容重测定——第 2 部分：通过参比国际标准仪器对测量仪器进行量值溯源的方法》《谷物中容重测定——第 3 部分：常规方法》《谷物磨粉产品—脂肪酸值的测定》。2019 年 5 月在德国成功组织召开 ISO 谷物与豆类分委员会（ISO/TC34/SC4）第 40 次会议，来自加拿大、中国、法国、德国、斯里兰卡、瑞典、坦桑尼亚 7 个国家的 20 位代表参加了会议，会议重点讨论了《稻米规格》等国际标准项目的关键

技术问题，确保标准的科学性和合理性。

2. 持续推进中国标准转化为国际标准

作为 ISO/TC34/SC4 国内技术对口单位，积极推进我国优势粮食技术转化为国际标准。《谷物中镉含量测定》项目，组织 3 个国家的 19 家实验室完成协同验证。《高粱中单宁含量测定》项目，提出两种检测方案，以解决原标准中试剂毒性大、方法特异性差的问题。在 ISO/TC34/SC4 第 40 次会议上提出《大米粒型测定—图像法》《谷物和油料—转基因含量分析—动态抽样》两项新工作项目提案，提出承担《谷物和豆类储存的一般建议》《谷物与豆类隐蔽性昆虫感染的测定——第 4 部分：快速方法》两项标准修订提案。

3. 提升油脂国际标准化工作参与度

组建具有广泛代表性的油脂国际标准化工作专家队伍，成员来自科研院所、高校、海关、央企、外企等有关单位。2019 年向国际油脂法典委员会和 ISO 动植物油脂分委员会，提交《特定植物油标准》等 36 项标准文件的投票意见，参与《氯丙醇酯和缩水甘油酯的测定》等 4 项国际标准协同验证实验，提升了我国对油脂国际标准化工作的参与度和贡献度。

4. 加快标准"引进来"和"走出去"步伐

一是开展 ISO 标准采标情况调研。按照国家标准化管理委员会统一安排，完成粮油国际标准转化情况调研报告，根据国内发展现状，提出近三年急需转化 ISO 标准目录，推动粮食行业更大范围采用国际标准，推进国内外粮油标准体系兼容。二是开展国家标准外文版工作。为提高粮油标准外文版供给水平，促进贸

易合作交流，根据粮食国际贸易需求和粮食加工机械出口需求，首次承担《大米》等18项粮油国家标准外文版翻译。

撰稿单位：国家粮食和物资储备局标准质量中心

撰稿人：袁强、祁潇哲

审稿人：徐广超、张艳

五 团体标准

2019年，中国粮油学会正式发布《浓香菜籽油》等5项粮油团体标准，新立项标准34项，为服务粮食行业供给侧结构性改革提供技术支撑，助力粮食产业高质量发展。一是坚持"需求导向"，面向粮食行业的科研院所和企业广泛开展征集工作，共征集到项目74个，其中企业申报积极性高，项目比例超过总数的2/3。二是有序推进标准的研制和发布工作。中国粮油学会第一批立项的5个标准都已正式出版发布并全面实施。《浓香菜籽油》《特级核桃油》《干米粉》3个产品标准填补油脂行业和米粉行业的空白。其中，《浓香菜籽油》是我国首个风味类油脂的标准，满足了占全国菜籽油约30%市场份额的产品需求，对提高菜籽油产品质量产生了积极的推动作用，对油脂工业的健康发展和食用油安全也具有重要的社会意义和经济意义；《花生油质量安全生产技术规范》为花生油企业规范生产提供了坚实的技术支撑；《粮食流通基础数据元》为粮食流通的信息化建设奠定了扎实的基础，是粮食行业与信息行业跨领域合作的典范。同时，启动了《大米质量安全管理与溯源技术规范》《横向智能通风技术规程》等项目，鼓励智能技术、信息技术融入标准；积极响应《健康中国行动（2019—2030）》，启动了《燕麦片》《青稞复配粉》《火锅用油》等标准项目，满足人民对健康粮油产品的需求。三是高度重视团标工作的管理和服务。所有项目均签订技术咨询服务协议，保障标准研制工作的时效性和规范性；发布的标准均正式出版印刷，保障团体标准著作权；积极推进信息化建设，启动团体标准信息服务平台开发工作。

撰稿单位：中国粮油学会

撰稿人：魏然、张勇

审稿人：王莉蓉

第六部分
粮食流通体系建设

一 粮食仓储物流体系

2019 年，各级粮食和物资储备部门完善现代粮食仓储物流体系，有效服务了农业供给侧结构性改革和粮食收储制度改革，为实施乡村振兴战略、保障国家粮食安全奠定了坚实的基础。2019 年，国家发展和改革委员会安排中央预算内投资约 30 亿元，用于粮食安全保障调控和应急设施专项建设。随着粮食收储制度改革和市场化收购的不断推进，年度工作以提高粮食流通能力现代化水平为目标，重点加大对重要枢纽和关键节点的粮食物流项目特别是物流（产业）园区的支持力度。2019 年共安排 161 个物流项目。其中，中央粮食企业 26 个项目、各省（区、市）135 个项目。这些项目中，有一半以上位于《粮食行业"十三五"发展规划纲要》确定的重要节点。项目建成后，可新增粮食仓容规模超过 620 万吨、成品粮应急储备仓容规模超过 9 万吨，粮食物流接卸、发运能力将进一步提高。

撰稿单位：国家粮食和物资储备局规划建设司

撰稿人：樊利楠、展圣洁、常世超

审稿人：钱毅、刘翔宜、晁铭波

二 粮食应急保障体系

（一）粮食应急保障体系逐步完善

各级政府和粮食部门加强粮食应急保障体系建设，做好粮食应急保供各项工作，布局建设一批应急加工企业、应急供应网点、应急配送中心、应急储运企业。截至 2019 年 12 月底，全国共确定应急供应网点 44601 个、应急加工企业 5388 个、应急配送中心 3170 个、应急储运企业 3454 个，涵盖加工、配送、储运、供应的粮食应急保障体系已经建立。

（二）粮食监测预警发挥作用

通过加强粮食市场监测和预警，随时掌握粮食市场动态变化，及时发现问题、解决问题。截至 2019 年 12 月底，共有国家级粮食市场信息直报点 1072 个，地方粮食市场信息监测点 9206 个，基本覆盖了重点地区、重点品种，能够密切跟踪粮食供求变化和价格动态。

（三）粮食应急预案体系基本形成

《国家粮食应急预案》明确了国家粮食应急工作的组织领导、预警监测、应急响应、应急保障和后期处置等事项，各地也结合实际建立了区域性粮食应急预案。督促各地严格落实粮食安全省长责任制要求，定期开展应急演练和培训，保障应急队伍、应急设施在关键时候能够真正发挥作用。

（四）粮食应急物资基础进一步夯实

严格要求各地落实国务院下达的地方储备规模，着力解决市、县储备粮落实不到位、布局不合理的问题，确保北京、天津、上海、重庆等36个大中城市和价格易波动地区建立10~15天的成品粮储备。指导地方完善储备粮管理办法，加强储备粮油日常管理，确保紧急情况下调得动、用得上。

（五）粮食应急机制发挥重要作用

部分地区因重大自然灾害等原因启动了粮食应急预案，有效应对了各类粮食应急事件，粮食应急实战能力得到了检验。各地粮食应急保障企业在应对自然灾害等突发事件中主动担当作为，自觉承担应急任务，服从统一安排和调度，确保粮油供应充足、质量良好、价格稳定。

撰稿单位：国家粮食和物资储备局安全仓储与科技司

撰稿人：崔韫慧

审稿人：陈林

三　粮食产业经济发展

2019年3月，习近平总书记参加河南代表团审议时指出，要扛稳粮食安全重任，延伸粮食产业链、提升价值链、打造供应链，不断提升农业质量效益和竞争力；9月，习近平总书记在河南考察时强调，要积极推进农业供给侧结构性改革，深入推进优质粮食工程，做好粮食市场和流通的文章。李克强总理作出重要批示，对推动一二三产业融合发展、提升粮食精深加工水平和延伸产业链、提升价值链、完善供应链等方面提出明确要求。

国家粮食和物资储备局党组认真贯彻落实习近平总书记重要指示精神和李克强总理重要批示要求，把发展粮食产业经济作为重中之重，摆上突出位置，统筹谋划、厘清思路，以"连抓三年、紧抓三年"的劲头和力度，持续推动粮食产业高质量发展。一是连续三年召开现场经验交流会。2017年、2018年先后在山东省滨州市、黑龙江省哈尔滨市召开全国加快推进粮食产业经济发展现场经验交流会。2019年6月，在河南省郑州市召开第三次现场经验交流会，授予漯河市"全国主食产业化工程示范市"称号；同时举办第二届中国粮食交易大会、加快推进粮食产业高质量发展报告会和河南粮食产业高质量发展专家论证会等系列活动。编印建设粮食产业强国系列书籍。二是明确粮食产业经济发展思路举措。在总结探索实践的好经验好做法基础上，确立了"一二三四五"总体发展思路：即聚焦实现粮食产业高质量发展、建设粮食产业强国"一个目标"，围绕国家粮食安全战略和乡村振兴战略"两大战略"，突出产业链、价值链、供应链"三链协同"，建设优质粮食工程、示范市县、特色园区、骨干企业"四大载体"，实施产购储加销"五优联动"。三是制定实施"两体系一方案"。印发创新完善粮食"产购储加销"体系确保国家粮食安全的实施意见，对优化完善链条、推动协调发展、实施精准调控、强化保障措施等方面提出明确要求；印发坚持以高质量发展为目标加快建设现代化粮食产业体系的指导意见，对加快延伸产业链、着力提升价值链、积极打造供应链、深入实施"优质粮食工程"等方面做出安排部署；针对生猪生产逐步恢复、南方销区饲料粮需求增加的新形势，认真落实国务院常务会议精神，提前谋划做好北粮南运工作，研究制定相关工作方案并组织实施。

各地因地制宜、因势利导，积极探索、锐意创新，扎实推进粮食产业发展各项工作，为实现更高层次、更高质量、更有效率、更可持续的国家粮食安全提供了重要产业支撑。一是粮食产业高质量发展取得新实效。2019年末，全国纳入粮食产业经济统计的企业2.4万户，实现工业总产值3.15万亿元。11省粮食产业工业总产值超千亿元，山东省超过4000亿元，河南等7省均超过2000亿元，粮食产业强省的地位更加巩固。二是一二三产业融合发展实现新突破。"产购储加销"各环

节有效链接，促进了产业深度融合，培育了农业发展新动能，形成了农村经济新的增长点。黑龙江省坚持质量兴农调优"头"、接二连三壮大"尾"、勇闯市场做强"销"、千方百计促农"富"，2019年全省加工转化原粮803亿斤，同比增长10.1%。湖南省南县围绕一产建基地，围绕二产深加工，围绕三产强配套，打造稻虾米育种、种植、收购、储存、加工、贸易、销售、服务于一体完整链条。三是农民持续增收和企业提质增效开辟新路径。发挥流通对生产的反馈引导作用，鼓励龙头企业与农民合作组织、种粮大户等形成紧密联结的利益共同体，通过订单粮食和土地流转等方式，发展优质粮源基地，带动种粮农民增收。河南省鼓励支持粮油加工企业建立优质原粮基地，贵州省实施特种优势粮油订单种植工程，带动广大农户实现种粮增收。好粮源带来好产品，好产品带来好效益。"山西小米"平均售价从每斤5~6元上升到20元左右，加工企业盈利水平大幅提升。四是争创粮油知名品牌和培育龙头骨干企业开创新局面。深入开展"中国好粮油"行动计划，鼓励支持企业增品种、提品质、创品牌。"齐鲁粮油""吉林大米""广西香米""山西小米""荆楚大地""天府菜油"等一大批区域公共品牌的美誉度和市场占有率不断提高，"三全水饺""想念面条""克明挂面""香驰果葡糖浆"等知名品牌远销欧美，不断拓展国际消费市场空间。五是增加绿色优质粮油产品供给满足新需求。适应粮油消费升级趋势，创新提升供应链，调优产品结构，增加多元化、定制化、个性化产品供给，城乡

居民由"吃得饱"转向"吃得好""吃得健康""吃得便捷"。中国粮食交易大会和黑龙江"金秋粮食交易会"、福建"618"粮食交易洽谈会等区域性交易活动，为优质粮油产品搭建了展示舞台。北京、天津、上海等城市与主产区合作共建直销通道，使优质粮油产品直通市民"米袋子"。

撰稿单位：国家粮食和物资储备局粮食储备司

撰稿人：董祥、胡兵、李萌、张俊鹏、孙海平、陈晓雅

审稿人：秦玉云、唐成

专栏 7 "优质粮食工程"

2017 年以来，财政部、国家粮食和物资储备局安排中央财政奖励资金近 200 亿元，带动地方各级财政和社会投资 560 多亿元，通过粮食产后服务体系、粮食质量安全检验监测体系和"中国好粮油"行动 3 个子项目建设实施优质粮食工程，在增加优质粮油产品供给，促进农民增收，带动粮油消费升级，提高粮食产业发展质量和效益等方面作用明显。2019 年，财政部、国家粮食和物资储备局深入推进实施"优质粮食工程"。各省（区、市）高度重视、高位推动，成立由政府分管负责同志牵头的领导小组，各级粮食和物资储备、财政部门牢记初心使命，主动作为，协调配合，制定三年实施方案，推动项目落地和资金落实，优质粮食工程呈现整体加快推进的良好态势。截至 2019 年底，各地实施项目 4500 多个，完成 3800 多个，并培育壮大一批发展起点高、创新能力强、产业融合好、经济社会效益优、辐射带动范围广的龙头骨干示范企业，粮油市场保供稳价能力显著提高，粮食提质稳产逐年向好，"中国饭碗"稳中向优。

（一）推进粮食产后服务体系建设，提升服务综合效能

1. 围绕整合现有资源，建设专业化经营性的粮食产后服务中心

除北京、天津、上海、海南、西藏外，有建设需求的其他 26 个省份项目建设取得积极成效。截至 2019 年底，计划建设粮食产后服务中心 5000 多个，已建设完成约 3000 多个，计划配置农户科学储粮仓 60 万套，已完成 40 多万套。预计项目全部建成后，基本实现全国产粮大县粮食产后服务体系全覆盖的目标。

2. 优化服务体系布局、支持多元主体建设、提升服务综合效能

随着项目陆续建成，粮食产后服务中心积极开展清理、干燥、收储、加工、销售及其他延伸服务，在促进提质进档、推动节粮减损、增加农民收入等方面陆续发挥作用，普遍受到欢迎。安徽省已建成的粮食产后服务中心积极为各类主体提供服务，累计干燥、清理粮食 400 万吨，2019 年粮食收购期间遭遇连阴雨天气，粮食产后服务中心使粮食收获后得到及时处理、妥善保管，减少产后损失 10 万吨左右。江西省收获季出现洪涝灾情，粮食产后服务中心累计烘干高水分粮食 7 亿多斤，有效帮助农民减少损失。山东省粮食产后服务中心项目建成后，覆盖区域内粮食产后损失平均降低 4 个百分点，助力解决周边农户粮食收获后"晒粮难、储粮难、销售难"等问题。浙江省、云南省等产后服务中心还延伸提供个性化服务功能，最大化为农民提供便利，如通过售粮"一条龙"服务，可为农户节省烘干到入仓一半以上的费用。

（二）推进质检体系建设，提升检验监测能力

到 2019 年，粮食质量监测体系共增加检验参数 2.9 万个、月均检验样品数增加 2.6 万个，实验室用房建筑面积增加 22.4 万平方米，配置仪器设备 3.5 万台套。各地充分发挥机构功能作用，为质量监管提供有力支撑。各地充分利用"优质粮食工程"建设成果，充分发挥质检体系的作用，圆满地完成了质量大清查工作，据统计，2019 年全国政策性粮食库存数量和质量大清查中，检验样品 11 万个。质检体系检验能力的提升，也大大促进了监测工作质量的提升，在防控质量安全风险、及时处置不合格粮食、防止超标粮食流入口粮市场等方面发挥了重要作用。在做好项目建设的同时，各地因地制宜，不断完善运行机制，充分发挥服务作用。

（三）推进实施"中国好粮油"，提升品牌效益

1. 引导农民种好粮、卖好粮，增加农民种粮收入

"中国好粮油"示范企业开展优质粮食订单收购，畅通卖粮渠道，帮助农民增收。江西省示范企业优质稻订单收购价增加 20%～100%，2018 年助农增收 2.5 亿元，2019 年近 5 亿元。湖南"好粮油"示范县南县 2019 年种养虾稻 55 万亩，年产优质稻米 27 万吨、小龙虾 9 万吨，亩均纯收益超过 3000 元。优质粮食工程助推粮食产业高质量发展，2019 年全国粮食产业实现工业总产值 3.2 万亿元，利税总额 3006 亿元。

2. 创新发展推动产业升级、企业增效，惠及更多的消费者吃上多样化的"中国好粮油"

山西省绿色有机小米销量超过 1 亿斤，年销售额突破 10 亿元。四川省建立菜油标准体系，搭建产学研合作平台，生产加工的菜油占全国市场 30% 的份额，全省产值上亿元的油脂加工企业达到 20 个。山东省粮油加工行业年研发投入超过 20 亿元，全省粮食深加工产值和产品产量分别占全国的 31%、28%，粮食工业中裕集团建立了国内最长最完整的小麦闭合循环产业链，"吃干榨净"每一粒小麦，年营业额突破 60 亿元。

3. 突出品牌提升，推动粮食产购储加销"五优联动"和企业经营模式创新

各地相继推出地域特色鲜明的公共品牌，其中"吉林大米""苏米""荆楚大地""山西小米""齐鲁粮油""广西香米""天府菜油"等市场知名度和美誉度大幅提升，在品牌营销带动下，采取"企业＋合作社＋基地＋农户"等模式结成利益共同体，实行优质优价，引导种植优质品种，从源头上保证粮油品质，通过线上线下平台扩大市场销售，满足老百姓从"吃得饱"到"吃得好"的消费升级需要。

4. 进一步激发市场主体活力和创新动力，推动"五优联动"向更高质量提升

中央财政安排专项资金继续滚动支持三年，撬动地方和社会资本持续加大投入，围绕实现"五优联动"全程优质、整体联动，坚持省级统筹推进，补"短板"，强弱项，扶优扶强扶特，开展优粮优产、优粮优购、优粮优储、优粮优加、优粮优销五项行动，培育壮大一批粮油龙头骨干企业，引导鼓励粮食核心区

集聚优势特色发展粮食产业，实现粮食安全与现代高效农业相统一。重点做强做优十个左右全国性龙头企业和一批省级骨干企业，百个左右优势示范县，千个左右"五优联动"示范点，万个左右"中国好粮油"线上线下示范销售点，强化产业集聚效应，形成"十百千万"引领发展格局。

撰稿单位：国家粮食和物资储备局规划建设司、安全仓储与科技司、标准质量中心、科学研究院

撰稿人：樊利楠、陈冀、崔素芬、夏丹萍、尹诗文、欧阳姝虹、刘洁

审稿人：钱毅、刘翔宜、晁铭波、王旭、张庆娥、周明慧

第七部分
粮食流通体制改革

一 粮食流通体制改革概述

机构改革方面，按照党和国家机构改革总体部署，根据中央机构编制委员会办公室（以下简称"中央编办"）批复的方案，物资储备系统实现重构性改革，承担中央储备监管职能，成为机构改革后首个在垂管单位全面设定分党组的系统。各垂管局扎实做好"三定"制定、更名挂牌、人员调整等机构改革相关工作，迅速完成职能转变、履行监管职责，实现了机构改革和业务工作"两不误、两促进"。

加强粮食储备安全管理改革方面，坚持以服务宏观调控、调节稳定市场、应对突发事件和提升国家安全能力为目标，科学确定粮食储备功能和规模，改革完善粮食储备管理体制，健全粮食储备运行机制，强化内控管理和外部监督，加快构建更高层次、更高质量、更有效率、更可持续的粮食安全保障体系。2019 年 5 月 29 日，习近平总书记主持召开中央全面深化改革委员会第八次会议审议通过《关于改革完善体制机制加强粮食储备安全管理的若干意见》（以下简称《若干意见》）。《若干意见》出台后，国家发展和改革委员会、国家粮食和物资储备局建立协同联动机制，集中推出十项关键举措，迅速抓好落地见效。各省（区、市）认真传达贯彻文件精神，加快推动出台实施意见。《粮食安全保障法》已形成送审稿，经起草领导小组审议并原则通过，《粮食流通管理条例（修订草案）》立法审查顺利进行。各地加大立法修规力度，福建省出台粮食安全保障

办法，江苏省粮食流通条例提交省人大常委会审议。

粮食收储制度改革方面，完善稻谷、小麦最低收购价政策，统筹抓好政策性收购和市场化收购，持续深化粮食收储制度改革，切实保护种粮农民利益。各地密切关注粮食市场价格走势，江苏、安徽、黑龙江等省及时启动预案，严格执行最低收购价政策，牢牢守住了"种粮卖得出"的底线。坚持市场化改革取向，调动多元市场主体收购积极性，江苏、安徽、河南等省建立了粮食收购贷款信用保证基金制度，为市场化收购资金提供保障。2019 年，全年共收购粮食 7900 亿斤，没有出现大范围"卖粮难"。科学把握力度和节奏，加快消化稻谷等政策性粮食不合理库存，政策性粮食库存较最高点下降 36%，粮食市场供应稳定有序。

推动粮食产业高质量发展方面，粮食产业经济稳中向好，优质粮食工程成效明显，发展质量持续提升。国家粮食和物资储备局会同国家发展和改革委员会研究制定坚持以高质量发展为目标，加快建设现代化粮食产业体系的指导意见和创新完善粮食"产购储加销"体系，确保国家粮食安全的实施意见，在河南省召开全国加快推进粮食产业经济发展第三次现场经验交流会。探索形成"一二三四五"思路举措，"三链协同"趋势明显，"五优联动"亮点频出，一批骨干企业做强做优做大，一批特色

园区集聚集约发展，一批区域品牌彰显带动效应。深入实施"优质粮食工程"，累计投入中央财政资金近200亿元，带动地方和社会投资550亿元；各地已建成粮食产后服务中心3000多个，新建和改造提升粮食质检机构390个，发展"中国好粮油"示范市县396个。举办全国饲料粮公益性专场交易会，有效促进了"北粮南运"产销衔接。

深化粮食流通监管改革方面，理顺完善监管体制机制，探索实行分类分级监管，着力压实企业主体责任、部门行政监管责任和地方政府属地管理责任。如期完成全国政策性粮食库存数量和质量大清查，向党中央、国务院和全国人民交上一本实实在在的"明白账"。顺利实施中央事权粮食政策执行和中央储备粮管理"首考"，中储粮集团公司自觉接受业务体检，各垂管局认真开展实地考核，严格督促问题整改，有力促进了中央事权粮食政策执行和中央储备粮规范管理。粮食安全省长责任制考核"指挥棒"作用有效发挥，在各地各有关部门共同努力下，考核机制越来越完善、导向越来越鲜明、效果"一年比一年好"，各地重农抓粮积极性显著增强，粮食安全保障水平不断提升。全面推行"双随机一公开"，采取全面检查与重点检查、随机检查与专项检查、跨省交叉检查等方式，提高执法监管效能。实行信用监管，将严重违法失信企业列入"黑名单"，并实施联合惩戒。办好12325全国粮食流通监管热线，认真核查举报案件，切实保护广大种粮农民和涉粮企业的合法权益。

当今世界正处在百年未有之大变局，确保国家粮食安全，具有特别重要的意义。当前和今后一个时期，全国粮食和物资储备改革发展要坚持以习近平新时代中国特色社会主义思想为指导，聚焦国家粮食和物资储备安全核心职能，突出"深化改革、转型发展"时代主题，坚守安全稳定廉政"三条底线"，敢于担当、善谋实干、锐意进取，加快开创粮食和物资储备改革发展新局面。一是坚持以深化改革为动力，健全完善体制机制，着力提高粮食和物资储备治理能力。积极推动"两项改革"，强化完善"两项考核"，健全法律法规和标准体系，创新执法督查方式。二是坚持以科学规划为引领，强弱项补"短板"，着力筑牢基础提高效能。科学编制"十四五"规划，大力实施重点工程项目，加快推进信息化建设和应用，持续落实科技和人才兴粮兴储。三是坚持以高质量发展为目标，做好粮食市场和流通的文章，加快建设粮食产业强国。四是坚持以解决突出问题为导向，积极主动、科学调控，统筹做好安全保障各项工作。切实做好粮食保供稳价工作，全面提高应急保障水平，稳妥推进各类储备收储轮换，抓牢盯紧安全生产。

撰稿单位：国家粮食和物资储备局法规体改司

撰稿人：张亚奇、王镭、彭双五

审稿人：周海佳

二 粮食安全省长责任制考核

2019 年，国家粮食安全省长责任制考核工作组各成员单位按照第四次联席会议部署，切实加强组织领导，密切沟通配合，圆满完成了 2018 年度考核工作。为认真做好 2019 年度考核工作，在总结借鉴往年经验的基础上，6 月，国家考核工作组成员单位联合向各省级人民政府印发了 2019 年度考核工作通知，出台了考核评价细则和评分方法。各省（区、市）按照国家考核工作组的部署要求，扎实开展工作，取得了积极成效。

（一）切实加强组织领导

各省（区、市）对粮食安全省长责任制考核工作的重视程度显著提高，组织领导力度进一步加大。据统计，27 个省份考核工作组组长由政府领导同志担任，其中内蒙古、黑龙江、湖北、西藏、新疆 5 个省份由政府主要负责同志担任。9 个省份将粮食安全责任落实情况纳入综合考核事项一体推动，还有一些省份也在积极推动纳入。

（二）强化日常监督考核

各省（区、市）考核工作机制进一步健全，坚持抓常抓长，协调各部门按照职责分工加强日常调度和检查，将日常监督考核贯穿年度考核全过程。强化过程管理，跟踪调度重点工作进展情况，及时指导解决各地遇到的困难和问题，对进度缓慢、推进不力的事项及时督促催办，过程与结果并重，鲜明树立重实干重实绩导向。国家考核办及时掌握各地动态，对各地省级领导抓粮食安全工作的情况、考核工作中的典型做法，以及落实省长责任制的突出成效，及时编印简报进行宣传，鼓励先进，鞭策后进，营造齐抓共管、共同推进省长责任制落实的良好氛围。

（三）充分发挥考核"指挥棒"作用

粮食安全省长责任制考核，既注重打基础立长远的"潜绩"，又注重考核立竿见影的"显绩"。通过对基础工作和重点任务的系统化持续考核，严格督促省级人民政府落实粮食安全责任，粮食生产、储备和流通能力得到不断巩固和提升；统筹细化粮食安全省长责任制工作目标，逐项确定牵头和配合部门，推动各地踊跃落实、各领域协同发力，形成了中央和地方齐抓共管、上下联动、共同负责国家粮食安全的良好局面，考核"指挥棒"作用更加凸显，各方面工作取得较好成效。

各省（区、市）人民政府粮食安全责任意识明显增强，党政主要负责同志和分管负责同志，实地调研或专题研究粮食安全工作频次大幅上升，重视程度明显提高。大多数省份将粮食安全任务写入政府工作报告，提上重要议事日程。各地以"国考"带动"省考""市考"，逐级压实主体责任，将考核"指挥棒"指向突出问题，坚持问题导向、底线思维，着力补短板强弱项。强化考核结果运用，加大激励引导，实现了粮食安全"稳"，保障能力"进"。

撰稿单位：国家粮食和物资储备局执法督查局

撰稿人：李尚、张军杰

审稿人：钟海涛、唐茂

三 粮食收储制度改革

国家有关部门认真落实党中央、国务院有关决策部署，继续深入推进粮食收储制度改革。一是经国务院批准，有关部门公布了 2020 年小麦最低收购价格，保持 2019 年价格水平不变；印发《关于完善小麦最低收购价有关政策的通知》，2020 年对最低收购价小麦实行限量收购，召开完善最低收购价政策座谈会，向相关省份通报有关情况并做出具体安排。二是继续巩固和放大玉米、大豆改革成果，进一步强化形势研判和市场监测，充分发挥中央企业和地方大型骨干企业引领带动作用，鼓励和引导多元主体积极入市开展市场化收购。三是积极指导新疆维吾尔自治区粮食和物资储备局巩固小麦收储制度改革成果，充分发挥市场机制作用，实现农民、政府、各类市场主体多方共赢。目前新疆小麦市场购销活跃，优质优价特征明显，供求关系逐步改善。

撰稿单位：国家粮食和物资储备局粮食储备司

撰稿人：李洵、耿晓顿、纪展、赵泽林、刘妍杉、白新园、孟凡璠

审稿人：秦玉云、唐成

四 国有粮食企业经营与管理

（一）基本情况

一是企业户数和人员继续精减，结构进一步优化。2019 年末，纳入汇总范围的国有粮食企业 1.2 万户，从业人员 35.8 万人。随着国有粮食企业改革的深入推进，企业结构不断优化，改革发展质量效率不断提升。二是职工收入连年增加，切身利益得到保障。2019 年，国有粮食企业职工年平均工资收入 8.2 万元，增幅 17.6%，超过全国平均水平 7.9 个百分点。绝大部分职工都参加了基本养老保险、基本医疗保险等，职工切身利益得到较好保障。

（二）资产情况

一是总资产和净资产"双增长"，资产质量不断提高。截至 2019 年末，全国国有粮食企业资产总额 2.4 万亿元；净资产 0.3 万亿元，同比增长 5%。二是仓储物流设施等固定资产和土地资产"双增加"，保障国家粮食安全的能力持续增强。自实施"优质粮食工程"以及粮食安全保障调控和应急设施专项等行业重大项目建设以来，国家和地方及粮食企业进一步加大投资力度，国有粮食企业 2019 年末固定资产净额和在建工程之和达到 2867.3 亿元，增幅 2.15%。固定资产中，2019 年末土地、房屋及构筑物等合计 2411.5 亿元，国有粮食企业通过土地从划拨变出让等方式，增加企业有效资产，进一步提高了融资能力。

（三）经营情况

利润总额实现连续十三年统算盈利；继续保持良好发展态势。2019 年，全国国有粮食企业主营业务收入 7962.3 亿元，实现利润总额 131.7 亿元。分地区看，23 个省（区、市）实现统算盈利，其中广东、黑龙江、北京、上海、安徽、江苏、山东、天津、浙江、云南、广西、陕西、福建 13 省（区、市）盈利超亿元。

撰稿单位：国家粮食和物资储备局财务审计司

撰稿人：张雷、闫文婕

审稿人：王耀鹏

第八部分

棉花和食糖储备

一 棉花和食糖市场运行

（一）棉花市场运行情况

1. 全国棉花产量略有减少

据国家统计局数据，2019 年全国棉花种植基本平稳，播种面积 4974 万亩，同比减少 0.6%，种植分布进一步向西北内陆集中。受积温不足、灾害天气等影响，棉花产量略减至 588.9 万吨，下降 3.5%。其中，新疆棉花产量 500.2 万吨，比上年下降 2.1%，占全国总产量的比例升至 85%。

2. 棉花消费延续下降态势

世界经济增速放缓和国际贸易摩擦加剧影响棉纺织品需求，棉花消费陷入低迷。据中国棉花协会 2020 年 5 月预计，2019/2020 年度（2019 年 9 月至 2020 年 8 月）国内棉花消费量将在 765 万吨，在上年度减少 48 万吨的基础上再降 42 万吨。

3. 国内棉花价格大幅下跌

2019 年 5 月初，国内棉花现货价格从前期 15500~15700 元/吨的高位大幅下跌。10 月初棉价一度跌至 12600 元/吨，较前期高点跌幅约 20%。此后国内棉价低位震荡、缓慢回升，年底涨至 13300 元/吨左右。同期国际棉价明显反弹，内外棉价差逐步缩小，国内棉价长期高于关税配额内进口棉成本的情况于 10 月出现反转，价差倒挂最高达 400 元/吨左右。

4. 中央储备轮换有序推进

2019 年有关部门根据棉花市场形势适时有序推进中央储备棉轮换。5 月至 9 月挂牌销售储备棉，累计成交 99.6 万吨，有效降低了纺织企业用棉成本，弥补了棉花产需缺口。12 月初，启动高品质新疆棉轮入，采取随行就市动态确定最高限价、向下公开竞价交易的方式，并根据市场情况及时调整每日挂牌竞买数量。

（二）食糖市场运行情况

1. 糖料种植面积和入榨量回升，农民继续增收

据中国糖业协会数据，2018/2019 年度（2018 年 10 月至 2019 年 9 月）全国种植糖料面积 2161.5 万亩，较上年度增加 97.5 万亩，增幅 4.7%；糖料入榨量为 9199 万吨，增幅 5.8%。糖料收购价格与上年度基本持平，其中甘蔗平均收购价（地头价，不含运输及企业对农民各种补贴费用等，下同）为 480 元/吨、甜菜平均收购价 494 元/吨。由于糖料收购价格稳定和糖料产量增加，农民种植糖料收入较上年度增加 27 亿元。

2. 食糖产量增加，消费市场平稳

由于糖料种植面积和单产提高，全国累计产糖 1076 万吨，增长 4.4%，连续第 3 年恢复性增长。其中，甘蔗糖 944.5 万吨、增长 3.1%，甜菜糖 131.5 万吨、增长 14.3%。全国食糖消费市场平稳，消费量 1520 万吨，较上年略增。消费结构持续调整，民用消费比例上升至 42.5%，工业消费比例下降至 57.5%。

3. 食糖价格跌势放缓，糖企亏损扩大

受国际糖价持续低迷影响，2018/2019 年

度国内糖价较长时间低于成本运行。2019年5月进入纯销期后，食糖价格逐步回升，但多数企业销售已过半，亏损并未好转。据统计，2018/2019年度全国制糖工业企业成品白砂糖累计平均售价5248元/吨，较上年度下跌394元/吨；全国制糖行业亏损43亿元，较上年度扩大23.8亿元。10月进入2019/2020年度后，全球减产预期和国内市场供应偏紧推动国内糖价继续上行，11月初上涨至6200元/吨左右。此后，随着国内生产进入高峰期和进口糖大量上市，市场出现阶段性过剩，国内糖价逐步走低，年底跌至5700元/吨左右。

二　棉花储备管理

2019年，国家粮食和物资储备局会同有关部门积极推进中央储备棉轮换工作。轮换主要采用在公开的交易市场挂牌竞价的方式，并采取市场化定价机制，做到了公开透明、规范有序、预期稳定。轮出方面，2019年5月至9月，通过全国棉花交易市场挂牌轮出99.6万吨，保障了市场供给，促使内外棉价差保持在合理水平，为纺织企业参与国际竞争创造了有利条件。轮入方面，2019年12月至2020年3月，挂牌轮入储备棉37.2万吨，进一步补充了储备库存，优化了库存结构。

撰稿单位：国家粮食和物资储备局粮食储备司

撰稿人：许策、高明

审稿人：秦玉云、唐成

第九部分

物资储备

一 战略物资储备管理

（一）落实"十三五"规划，创新收储轮换机制

按照国务院批准的云南自贸区试点方案，在云南开展委托企业代储和轮换天然橡胶试点工作。主要与天然橡胶生产流通企业加强协作，委托其通过实物置换的方式把储备库存与企业库存管理结合起来，通过给予补贴方式由其储新出旧，保障库存天然橡胶数量、质量符合要求。

（二）着力调整储备结构，优化品种规模和布局

1. 组织开展材料储备前期研究

结合"十四五"规划编制，研究提出新增材料储备品种规模，主要增加部分零部件和重要结构件的进口材料，支持国家发展和重大专项需求。组织开展高端天然橡胶储备相关研究，积极将其列入储备目录，研究提出建立生产、加工、应用和储备相衔接的保障体系。

2. 调整优化储备品种规模结构

结合"十三五"规划实施，优化储备品种结构。抓住市场有利时机，努力降低部分储备物资库存规模，优化储备库存结构。

3. 推动完善储备库存布局结构

结合储备仓库安全改造，统筹协调储存库存布局，研究逐步将库存向生产地、消费地和集散地周边安排，积极利用市场流通条件和企业仓储能力管理运营储备库存。

（三）加强企业代储监管，推动构建统一的物资储备体系

在现有委托企业无偿代储和轮换基础上，组织研究相关成本费用，争取相关费用补贴和监管费用，大幅减少当前企业承担代储和轮换的成本压力，构建可持续的企业代储运行机制。

（四）加强规章制度建设，着力构建制度体系

立足战略物资采购销售实际情况，结合相关事业单位职能转变进度，充分借鉴涉密政府采购制度有关安排，组织出台战略物资采购销售规定，推动相关工作制度化、规范化。

（五）强化基础管理工作，促进标准化、规范化

1. 组织开展物资清查

进一步摸清底数、掌握实情，全面汇总分析国家储备物资数量、质量情况，排查问题、落实责任。结合清查积极创新物资管理方式，提升信息化管理水平，探索适应新时代要求的国家储备物资管理方式和手段。

2. 推动标准化工作

会同相关单位共同开展工作，积极推动分品种建立战略物资技术指标、管理要求和包装储存标准规范。具备条件的天然橡胶等品种，于年内报请国家标准委批准，颁布印发战略物资储备行业标准。

（六）积极推进立法修规相关工作

积极开展《国家储备火炸药管理办法》《国家储备综合管理办法》等制度修订完善工作，进一步规范战略物资管理；围绕战略物资储备保障国家安全，重启立法工作。与清华大学协作，开展专题研究分析调研工作，在原《国家战略物资储备条例》的基础上，进一步修改完善。

撰稿单位：国家粮食和物资储备局物资储备司

撰稿人：晏然、刘毅军、潘瑶、程振意、王敏、高春旭、白啸辰、王爽、丁一凡

审稿人：徐高鹏、杨青、陈凤冬

二 救灾应急物资储备管理

根据党中央关于深化党和国家机构改革部署要求，国家粮食和物资储备局与应急管理部、民政部、水利部密切配合，顺利完成中央救灾和防汛抗旱物资（以下简称"中央应急救灾物资"）储备管理职责交接工作。2019年入汛以来，按照应急管理部调令，国家粮食和物资储备局共紧急调运 11 批次 21 万余件中央应急救灾物资，有效应对了四川长宁 6.0 级地震，江西、湖南和广西抗洪抢险救灾急需以及援助伊朗特大洪灾，切实保障了灾区群众生命财产安全。

（一）主要工作成效

1. 落实主体责任

机构改革职责交接后，国家粮食和物资储备局及时与应急管理部、国家防汛抗旱总指挥部办公室（以下简称"国家防总办公室"）沟通协调，印发关于中央救灾储备物资和中央防汛抗旱储备物资管理职责会商纪要，明确双方职责，并联合向各省应急管理部门、防汛抗旱指挥部门、粮食和物资储备部门等下发进一步做好物资管理工作的通知，压实地方应急救灾物资储备管理职责，工作有序衔接，指导各储备库认真做好中央应急救灾物资调运工作，确保关键时刻物资拿得出、调得快、用得上。

2. 建立协同机制

2019 年，国家粮食和物资储备局首次全面负责中央应急救灾储备管理工作，为保证调度有序、上下衔接，会同应急管理部召开了中央救灾物资储备管理工作座谈会和中央防汛抗旱物资管理培训班，凝聚共识，明确工作方向，强化专业技能，并部署安排下一步应急救灾物资储备管理工作。与国家防总办公室、应急管理部等建立会商机制，逐步完善信息共享机制，保证了应急调运程序完备、指令高效执行。

3. 制定应急预案

建立应急救灾响应机制，制定中央应急救灾物资紧急调运预案，指导督促各中央储备库建立健全物资紧急出库调运预案，结合重特大灾害实际救助需求，不断完善调运流程，把控风险点，提高救助时效。不断加强应急演练，

开展中央防汛抗旱物资应急调用演练工作，保障汛期抗洪抢险物资调用顺畅；中央救灾物资武汉储备库和北京库分别开展了应对重特大自然灾害的救灾物资应急调运演练，进一步提升了物资保障能力。

4. 强化应急保障

组织垂直管理局对全部 19 个中央救灾物资储备库和 28 个中央防汛抗旱物资储备库进行物资盘点，检查物资维护保养情况；要求各储备库加强汛期 24 小时应急值守，提前落实好物资应急调运人力、物力；接到指令后，第一时间组织完成物资紧急调运，确保反应迅速、组织有序、高效及时，做到有灾必应、有令必行。

（二）中央救灾物资和中央防汛抗旱物资储备情况

1. 中央救灾物资

截至 2019 年 12 月 31 日，中央救灾物资储备总数为 232 万件，总价值为 9.7 亿元。主要包括单帐篷（12、20、36、60 平方米）、棉帐篷（12、20、36 平方米）、棉大衣、棉被、睡袋、折叠床、折叠桌凳、简易厕所、炉子、场地照明、苫布、毛巾被、毛毯等 18 种物资。分别存储在 19 个中央救灾物资储备库，包括北京库（租赁社会仓库）、天津库、沈阳库、哈尔滨库、福州库、成都库、南宁库、拉萨库、西宁库、格尔木库、乌鲁木齐库、喀什库、长沙库、武汉库、合肥库、渭南库、兰州库、郑州库、昆明库，重庆库暂未存储中央救灾物资。依据《中央救灾物资储备管理办法》

进行物资储备、调运和日常管理，由中央财政每年安排 1.35 亿元采购资金，应急管理部下达采购计划，国家粮食和物资储备局负责采购，专项用于紧急抢救转移安置灾民和安排受灾人员生活。

2. 中央防汛抗旱物资资产

截至 2019 年 12 月 31 日，中央防汛抗旱物资储备总数为 83 万件，总价值 6.4 亿元，包括抢险物料、救生器材、抢险机具、给排水设备、供水器具等 5 类 62 种。中央防汛抗旱物资储备在 28 个中央防汛抗旱物资储备仓库，具体包括北京仓库、天津仓库、石家庄仓库、太原仓库、沈阳仓库、长春仓库、哈尔滨仓库、镇江仓库、蚌埠仓库、福州仓库、南昌仓库、济南仓库、莱阳仓库、薛城仓库、郑州仓库、新乡仓库、武汉仓库、岳阳仓库、肇庆仓库、贵港仓库、海口仓库、重庆仓库、成都仓库、昆明仓库、拉萨仓库、西安仓库、兰州仓库、昌吉仓库。依据《中央防汛抗旱物资储备管理办法》进行物资储备、调运和日常管理，中央财政每年安排 3000 万元采购资金，国家防总办公室下达采购计划，国家粮食和物资储备局负责采购，用于支持遭受严重洪涝干旱灾害地区开展防汛抢险、抗旱减灾、救助受洪灾旱灾威胁群众应急需要。

撰稿单位：国家粮食和物资储备局安全仓储与科技司

撰稿人：杨林、张晶

审稿人：陈林

三 物资储备基础设施建设

国家粮食和物资储备局牢固树立忧患意识、底线思维，坚持从源头上防范化解安全风险，针对储备仓库安防系统功能丧失、物防技防能力与重点目标标准差距大、达不到部分安全环保强制性新要求等突出问题，组织实施国家储备仓库安全综合整治提升三年行动计划，编制与三年行动计划相配套的《国家储备仓库安全综合整治建设项目三年规划》，2019年3月18日第49次国家发展和改革委员会主任办公会议审议通过。2019年，先后组织100多人次专家集中攻关，开展实地调研，形成统一技术标准和设备选型，制定印发国家储备仓库安全防范工程技术标准、安全环保达标技术标准、安防系统综合防雷规范3项技术标准，将高标准要求贯穿于设计、施工、监理各环节全过程。江西垂管局六七三处是首批安全综合整治项目中第一个完工的单位，项目实施抓得紧、各环节衔接得好，该局仅用3个月时间，在投资限额内做到突出安全隐患清零，信息化水平明显提高，部分设备选型和技术指标高于统一标准规范要求，职工熟练掌握功能运用、实际操作，实现建设与应用无缝对接。为加强典型引领，发挥"头雁效应"，2019年10月底，国家粮食和物资储备局以该项目为典型召开现场会，推广经验，以点带面，扩大示范带动效应。截至2019年底，首批项目全部完工，第二批项目将于2020年上半年完工。从已建成投产项目取得成效看，突出安全隐患消除率100%，储备仓库标准化、信息化、智能化和综合管理水平明显提升。

撰稿单位：国家粮食和物资储备局规划建设司

撰稿人：何晓伟

审稿人：钱毅、刘翔宜、晁铭波

四 仓储安全管理及安改建设

(一) 落实安全责任，着力构建安全管理网络

坚持以人为本，坚守"发展决不能以牺牲安全为代价"这条不可逾越的红线，按照"党政同责、一岗双责、齐抓共管、失职追责"要求，牢固树立安全发展理念，严格落实安全稳定责任制。针对安全生产监督管理工作呈现的新形势、新任务，全面修订垂管系统安全稳定责任书，细化、量化9个方面33项责任目标，国家粮食和物资储备局与各垂管局签订《安全稳定责任书（2019年度）》，作为年度安全工

作考核依据。以安全储存、安全生产"两个安全"及信访稳定为重点，以坚决遏制各类事故特别是重特大生产安全事故为目标，以风险防控、隐患整治、依法检查、督查问责为抓手，认真抓好安全管理责任目标的细化、分解和延伸，自上而下层层签订安全目标责任书，切实构建"横向到边，纵向到底"的安全管理立体网络。

（二）提高政治站位，强化专项任务安全保障

"116专项"工作是全局全系统承担的一项重大政治任务。国家发展和改革委员会何立峰主任、连维良副主任、罗文副主任等委领导同志对"116专项"工作高度重视，多次作出重要指示批示，强调坚持安全第一、确保万无一失。张务锋局长明确要求举全局全系统之力，深入贯彻委领导同志指示批示，确保各项工作落实落细落小、责任到岗到人到位，确保安全顺利、万无一失。在"116专项"工作推进过程中，国家粮食和物资储备局党组多次召开推进会、明确"一库一批一方案"要求、推动建立多部门"116专项"机制会制度，通过向垂管局主要负责同志致信、国家粮食和物资储备局领导带队巡查督导、定期调度通报有关情况等多种方式，层层压实责任、传导压力。有关司和垂管局严密排查治理安全隐患、抓好首批入库示范和安全教育培训、健全完善工作机制、逐月开展安全督导，多措并举，强化安全保障，确保2019年"116专项"工作安全顺利完成。

（三）筑牢安全基础，严密排查治理安全隐患

开展国家储备仓库安全风险分级管控和隐患排查治理工作调研，全面梳理安全隐患，分级、分类提出加强治理的措施。江苏响水"3·21"特别重大爆炸事故发生后，认真贯彻落实习近平总书记重要指示批示精神，部署安全生产检查工作。按照"全覆盖、零容忍、严执法、重实效"的要求，开展经常性安全隐患排查和区域性、系统性隐患专项治理，重点对安全生产责任落实、严格安全生产各项规章制度、关键环节安全管理、设施设备运行情况进行检查。探索建立隐患排查治理第三方评价制度，组织专家对国家储备仓库安全状况进行复核，有效防范化解重大风险，牢牢守住安全底线。

（四）完善防控机制，加强安全生产动态管控

建立健全监测预警、信息通报机制，定期研判分析形势，强化风险防控。国家粮食和物资储备局局长张务锋、副局长梁彦先后四次主持召开安全生产工作专题会议和视频会议，认真传达学习习近平总书记等中央领导同志关于安全生产工作的重要指示批示精神和国务院安全生产委员会有关会议精神，分析形势、明确任务、部署工作。结合第18次"安全生产月"活动，以视频会议的方式，组织垂管系统开展安全警示教育，要求各垂管局以史为鉴、以案为鉴、以案促改，深刻吸取教训，坚决遏制各类事故发生，确保储备仓库安全稳定。以"防风险、保安全、迎大庆"为主线，部署中秋、国庆期间安全生产工作，以保安全护稳定的实际行动迎接中华人民共和国成立70周年大庆。

（五）开展联合演练，切实提升应急处置效能

制定年度应急演练计划，开展联合演练，促进储备仓库储地联动应急体系和能力建设。组织湖南局一五四处联合地方政府及有关部门，召开应急演练现场会，坚持高标准求实效，精心组织、统筹谋划，结合当前安全形势，突出问题导向，程序演练与现场演练紧密结合，创新演练科目设置，认真推演制定符合实战流程和技术处置要领的演练方案。通过联合演练，有效促进国家物资储备仓库安全综合整治，不断创新安全管理，深化储地安全联防联动机制，提高安全防范和应急管理科学化水平，进一步提高国家储备仓库突发事件应急处置效能。

（六）坚持试点先行，助推储备仓库作业方式革新

开展火炸药仓库机械作业试点工作以确保安全万无一失为前提，前期充分调研论证，中期就试点技术方案组织开展可研论证评审，试生产阶段组织专家进行现场评审，每个环节符合相关法律法规和资质的要求。努力实现国家物资储备技术创新、组织创新、制度创新和科技进步，改变原始作业方式，助推储备仓库作业方式革新。

撰稿单位：国家粮食和物资储备局安全仓储与科技司

撰稿人：皇甫志鹏

审稿人：葛宁

第十部分

能源储备

一 我国能源形势

（一）油气产量回升

2019 年我国油气增储上产取得重要进展，油气供应仍然高度依赖进口。从供需形势来看，2019 年国内原油、天然气产量分别为 19101 万吨和 1736 亿立方米（约 12456 万吨），较上年分别增加 0.8% 和 9.8%。同期进口原油、天然气分别达 50572 万吨和 9656 万吨（约 1331 亿立方米），较上年同期分别增加 9.5% 和 6.9%。石油的表观消费量约为 69592 万吨，对外依存度为 72.7%；天然气表观消费量为 3067 亿立方米，天然气对外依存度为 43.4%。石油、天然气对外依存度连续两年超过 70% 和 40%。

（二）进口来源集中

原油、天然气进口来源仍高度集中，主要在中东、北非等高风险地区，进口通道高度依赖霍尔木兹海峡和马六甲海峡。国际能源供需格局发生重大变化，我国进口多元化来源渠道受限，增加了我国油气供应安全风险。

（三）储备能力不足

经过多年的建设，我国石油战略储备不断增加，但与国内需求和应对复杂多变的国际形势需求相比，规模依然偏低，与国际能源署规定的目标及发达国家的实际石油储备水平相比仍有差距。此外，我国天然气储备主要是企业调峰储备，尚未建立国家天然气储备，现有规模远低于美国、俄罗斯和欧盟的水平，应急能力薄弱，液化天然气和管道天然气一旦供应出现中断，都将对国内天然气供应安全和社会稳定产生重大影响。

撰稿单位：国家粮食和物资储备局能源储备司

撰稿人：张永强、葛连昆、杨正、徐超蓝、魏夏菲、陈聪、王晨、夏立军、陈媛媛、王锐、朱伟、朱伟伟、何燕妮

审稿人：裴建军、车英、熊晓宝

二 能源储备管理

（一）储备管理体系进一步完善

我国石油战略储备已形成储备结构以原油储备为主、成品油储备为辅，储备方式以国家石油储备基地和国家成品油储备库为骨干，企业代储等为补充的国家石油战略储备体系，为防范供给风险和维护国家能源安全发挥了重要作用。

（二）储备管理制度化建设加快

按照党中央、国务院有关加强能源安全的部署要求，在维护国家能源安全和支持地方经济建设等方面，形成了若干储备管理具体政策和建议。针对机构改革实际，积极参与能源储备有关法律的制订，并结合工作需要，加快了国家储备原油、成品油相关管理办法的制订和修订。

（三）储备规范化管理持续加强

先后举办了储备管理制度座谈会、原油储备管理培训班，有效提高了监管和管理人员业务能力。组织对代储情况进行抽查、检查，督促代储企业等落实在线监管，强化了代储原油、成品油管理。对国家储备成品油收拨库存情况进行全面盘点，开展了年度损耗溢余核销处理等工作，进一步夯实了储备管理基础。

撰稿单位：国家粮食和物资储备局能源储备司

撰稿人：张永强、葛连昆、杨正、徐超蓝、魏夏菲、陈聪、王晨、夏立军、陈媛媛、王锐、朱伟、朱伟伟、何燕妮

审稿人：裴建军、车英、熊晓宝

三　石油储备能力建设与发展

（一）石油储备基础设施建设稳步推进

综合考虑国家能源安全需要，石油石化产业发展进程，国际能源市场变化趋势，以及长输管网港口等设施条件，国家有序推进国家石油储备基地建设。共建成舟山、镇海、大连、黄岛、独山子、兰州、天津等国家石油储备基地，利用上述储备库及部分社会企业库容，储备原油超过 3773 万吨。

（二）石油储备基础设施布局趋于合理

国家石油储备基地主要布局在沿海地区和长输管线沿线，并与炼化产业布局相协调，经过十余年规划建设，国家石油储备基地整体布局框架基本形成。已建成基地分布于 7 个省份，其中，东北地区 2 个，华北地区 1 个，华东地区 3 个，华南地区 1 个，西北地区 2 个。随着在建和规划建设的基地项目陆续投入使用，国家石油储备基地布局将更加合理。

（三）石油储备基础设施以地下水封洞库为主要建设形式

我国石油储备主要有两种形式：一种为地上钢制浮顶储罐，一般每个罐体储量为 10 万立方米；另一种为地下水封洞库，每组洞罐储量约 100 万立方米。地下水封洞库具有安全、可靠、隐藏、环保、适应性强、库存规模大、运营成本低等特点，与地上钢制浮顶储罐相比具有比较优势。据专家测算，地下水封洞库地

面设施占地面积仅为地面库的 1/10 左右，建设投资节约 25%~30%，运营成本可减少 1/3。地下水封洞库已经成为我国石油储备的主要选择和重点发展方向。

（四）石油储备基础设施建设水平持续提高

在建设理念上，注重贯彻新发展理念，力求做到基地建设和运行与自然协调。在建设技术上，创新地下工程动态设计理念，形成了具有自主知识产权的"大型地下水封洞库建设关键技术集成创新"等科技成果，获得数十项专利。在工艺装备上，以项目建设带动国内企业研制大型关键装备，提高了关键装备使用国产化率。

撰稿单位：国家石油储备中心
撰稿人：吉立东、李尔博王
审稿人：李丹

第十一部分
科研咨询与行业发展

一 科研咨询

（一）粮食科技创新

一是加强研发。通过多种方式，引导研发团队围绕行业急需、关键共性技术开展研发工作，向科技部推荐承担重点研发计划团队。同时，加强项目支撑，积极推进粮食公益性行业科研专项项目的验收工作，并分技术领域梳理凝练系统性、整体性的标志性成果，重点做好成果推广应用，发挥项目效用，以更好地支撑行业创新发展。二是加强平台建设。引导和培育条件成熟的机构，积极组建"国家粮食技术创新中心""国家粮食产业技术创新联盟""国家粮食技术转移转化中心"，促进创新资源整合，推动产学研用合作，支撑产业转型升级和高质量发展。三是加强成果推广。凝练形成粮食公益性行业科研专项取得重大科技成果，编制专题成果推介材料，编写粮食科技成果应用工程化方案，助推科技供需对接。广泛征集粮食行业先进适用科技成果，遴选推介一批储藏、质量安全、节粮减损等先进成熟配套的主推技术，并汇总宣介典型案例，促进科技成果转移转化。开展科技成果、科研机构、创新团队与企业"三对接"活动，拉近科技供需双方距离。四是完善奖励激励机制。积极培育行业优秀人才，做好"万人计划"青年拔尖人才、科技创新人才推进计划中青年科技领军人才、创新团队、创新人才培养基地等推荐工作。

撰稿单位：国家粮食和物资储备局安全仓储与科技司
撰稿人：杨道兵
审稿人：王旭

（二）重点课题调研

深入开展重点课题调研，形成了一批在粮食宏观调控、粮食和物资储备管理、监管执法、粮食产业高质量发展、机关党的建设等方面有价值、有分量、可借鉴的调研成果，有力地促进了各项改革发展工作。围绕落实总体国家安全观和国家粮食安全战略，组织开展国家粮食安全若干重大问题研究，形成 23 个方面的研究成果，切实提高了从整体和全局的角度把握国家粮食安全大局的能力。扎实开展全局全系统优秀调研成果评选，营造大兴调研之风的浓厚氛围，全系统广大干部职工深入基层、集思广益，一批总结情况实事求是、分析问题准确到位的成果脱颖而出，树立了重视调研、创新创优的鲜明导向。

撰稿单位：国家粮食和物资储备局办公室
撰稿人：张宇阳
审稿人：方进

（三）专家决策咨询

1.专家咨询课题研究

2019 年，国家粮食安全政策专家咨询委员会组织相关专家咨询委员会领导、委员开展了"市场调控专项粮食收储的设定及管理研究""WTO体制下粮食支持保护政策与国际竞争力研究""推动企业社会责任储备的实现路径研究""完善粮食和物资储备应急保障体系研究""河南粮食产业高质量发展研究""《中国的粮食安全》白皮书重点问题研究""我国粮食产业高质量发展指标与政策体系研究"及玉米、稻谷、小麦、大豆供求平衡战略研究等11项重点课题研究工作，为服务决策提供了有力支撑。围绕国家粮食和物资储备局重点工作部署，高质量完成"河南粮食产业高质量发展调研报告""德州市玉米大豆间作的调研报告"重点调研课题的研究工作。借鉴寻乌调查方法，采取蹲点"解剖麻雀"方式，创新完善调研工作，运用典型调研与网络调研相结合、座谈会与现场走访相结合、随机调研与定点调研相结合，认真组织赴河南、山东德州等地调研，撰写了《关于坚决扛稳粮食安全重任加快推进河南粮食产业高质量发展的报告》和《关于山东省德州市玉米大豆间作技术应用调查和推广建议》。其中河南粮食产业高质量发展报告已经国务院领导同志批示和河南省领导同志批示，河南省委、省政府将报告的有关意见建议纳入工作部署，引起强烈反响，为推动粮食产业高质量、建设粮食产业强国发展起到了积极作用；积极推动成果向相关决策转化，明确有关工作方向，发挥了积极作用。山东德州开展玉米大豆间作调查报告得到国务院领导同志重要批示，有关内容写入2020年中央一号文件。

2. 决策咨询

2019年，围绕新时代新形势下保障国家粮食安全制度政策等召开了专题咨询和通报会，邀请权威专家在中央主流媒体解读发声，营造推动工作的良好氛围。认真组织开展重要文件专家论证会和通报会。在《关于改革完善体制机制加强粮食储备安全管理的若干意见》（以下简称《若干意见》）形成过程中，专家委员聚焦改革中心任务、重大问题，深入系统研究论证，上报国务院前开展专题咨询，提出了很好的意见建议；在《中国的粮食安全》白皮书文稿思路的形成，文稿框架的完善，以及文稿最后的论证把关等不同阶段，先后多次组织召开专家论证会。积极组织召开通报会通报情况并听取专家委员的意见和建议。专家认为《若干意见》是新时代管好"天下粮仓"的纲领性文件，在粮食储备安全管理改革发展中具有重要里程碑意义；时隔23年再次发表粮食安全白皮书，集中展现了我国保障粮食安全的伟大成就，系统宣示了我国粮食安全的政府立场和政策主张，鲜明塑造了积极维护世界粮食安全的国际形象。这些重大政策决策的出台和部署，反映了国家粮食和物资储备局党组工作抓得实、抓得紧，在守正创新中体现新担当新作为。

认真组织专家对《中国的粮食安全》白皮书进行解读、宣传。白皮书经国务院新闻办公室正式发布后，根据国家粮食和物资储备局的统一部署，张晓强主任委员和李广禄、李国祥、姚惠源、姜长云、丁文禄、王伟华、赖应辉8位同志在《经济日报》专版对白皮书进行解读，张晓强主任委员还接受新华网专访。焦点访谈栏目播出了张务锋局长、张晓强主任委员、黄炜副局长、姜长云同志的访谈视频，得到了国内外广泛关注和舆论的一致好评。

通过专家委员认真调查研究，权威解读发声，提出了许多具有重要参考价值的意见和建议，为国家粮食和物资储备局党组科学决策、推动实际工作，服务国家粮食安全战略决策发挥了积极作用。

撰稿单位：国家粮食安全政策专家咨询委员会秘书处

撰稿人：亢霞、郝晓燕

审稿人：颜波、陈玉中

（四）战略性课题研究

国家粮食和物资储备局确定"粮食需求峰值预测""粮食安全保障法涉及重大政策""粮食安全保障立法重大法律问题""国际新形势下粮食安全政策""战略物资储备功能定位及风险评估"为2019年战略性课题研究题目，由中国粮食研究培训中心组织开展课题研究工作。经过课题开题、中期检查和结题评审，取得了具有较高价值的研究成果，为分析与研判我国粮食安全形势、完善粮食安全政策、推动粮食安全保障法立法、加强战略物资储备等提供了重要参考。

"我国粮食需求峰值预测研究"立足改革开放以来我国城乡居民食物消费变化，参照日本、韩国等国家和我国台湾地区粮食需求变化规律，研究影响我国粮食消费变化的重要因素，预判未来30年我国食物消费需求和粮食需求峰值，并提出加强实施粮食安全战略、加快农业科技创新、引导居民优化膳食结构、加快全球农业食品供应链网络建设、着力培育

农业食品行业"领军企业"、积极引领全球农业治理体系变革等保障我国粮食安全的政策建议。

"粮食安全保障法涉及重大政策研究"立足贯彻落实总体国家安全观和国家粮食安全战略，围绕粮食生产安全、收购安全、储备安全、安全管理、粮食产业发展和质量安全等方面进行了深入研究。通过总结我国保障粮食安全的有益经验，客观分析我国涉粮法律制度建设存在的主要问题，梳理借鉴美国、日本、德国等国家涉及粮食生产、流通、储备、消费等方面的政策和经验，提出完善我国粮食综合生产能力建设、提升粮食流通与加工能力、加强粮食质量安全管理、增强粮食调控与储备管理能力、建立安全预警与应急处置机制、加强监督检查、促进粮食产业发展、推动粮食经营主体发展和粮食贸易等方面的政策措施建议。

"粮食安全保障立法的重大法律问题研究"立足保障国家粮食安全的立法定位，认真落实国家粮食安全战略，在梳理我国现有粮食法律体系存在问题的基础上，提出了我国粮食安全保障立法的指导思想、定位、宗旨与基本原则，以及与其他法律之间关系，并从粮食生产保障、储备、流通、政府责任等层面提出法律问题，给予立法建议。

"国际新形势下粮食安全政策研究"立足研判当前国际经济贸易环境及未来发展趋势，围绕保障国家粮食供应充足稳定，分析国际经济贸易新形势对保障我国粮食安全存在的现实和潜在影响。根据国内粮食安全现状及需要，提出保障粮食安全要树立总量、结构、人群和

市场"四个观念";聚焦"藏粮于地""藏粮于技""藏粮于市",即"三藏",采取大力调整粮食供给结构、加大涉粮科技研发、进一步推进粮食制度改革和积极对接国际粮食市场等措施以抵御和化解粮食安全风险。

"战略物资储备功能定位及风险评估研究"立足贯彻落实国家粮食和物资储备局党组"两决定一意见"关于"加快构建统一的国家物资储备体系,切实履行新职责新任务"的要求,围绕战略物资储备的功能定位、评估体系、储备品种目录、风险预警及控制进行了深入研究,建立 ASC 风险评估体系,评估了 20 种重要战略物资的储备风险,并由此确定了储备品种目录,设计了战略物资储备风险预警机制及控制方案,提出关于加强石油和成品油、天然气、有色金属和天然橡胶等战略物资储备,加强风险评估管理和创新战略物资储备运行模式等建议。

撰稿单位:中国粮食研究培训中心
撰稿人:胡文国、贾小玲
审稿人:颜波、陈玉中

(五)软科学课题研究

2019 年国家粮食和物资储备局软科学研究的重点方向是:粮食产业经济高质量发展、粮食和战略物资储备安全保障立法、完善监管体制机制、粮食安全风险分析防范、构建统一的粮食和物资储备体系、战略物资储备理论体系、"十四五"规划重点问题、储备管理制度创新和增加绿色优质粮油产品供给。中国粮食研究培训中心组织各省级粮食和物资储备局

(粮食局)、各垂直管理局、"特约调研员"牵头组成的研究团队,以及有关中央企业、高等院校等,紧密结合全国及各地工作实际,针对行业改革发展面临的重大现实问题,全面深入开展调查研究,形成了一批站位高、质量好、针对性强的软科学研究成果。经评价,共有 71 项课题顺利结题。其中,39 项课题研究成果被评价为具有较高学术水平和实用价值,32 项课题研究成果被评价为具有一定学术水平和实用价值。

具有较高学术水平和实用价值的研究成果:国家粮食和物资储备局物资储备司《〈国家战略物资储备条例〉立法问题研究》、国家粮食和物资储备局规划建设司《战略资源目录调整优化及储备政策研究》、国家粮食和物资储备局安全仓储与科技司和国家粮食和物资储备局储备安全和应急物资保障中心《新时代国家粮食和物资储备应急体系研究》、国家粮食和物资储备局执法督查局《中央储备粮管理和中央事权粮食政策执行情况年度考核机制研究》《物资储备垂直监管体制机制研究》、中国粮食研究培训中心《全球玉米布局及中国企业"走出去"战略研究》《新形势下粮食收购制度研究》、国家粮食安全政策专家咨询委员会秘书处《我国粮食产业高质量发展研究》、国家粮油信息中心《新形势下玉米供需形势及趋势研究》《新形势下增加大豆进口来源保障油料供给研究》、国家粮食和物资储备局粮食交易协调中心《国家粮食电子交易平台供应链融资模式研究》、中国粮食经济杂志社《以产业链、价值链、供应链"三链协同"推动稻米产业高质量发展研究》、北京市粮食和物资储

备局《北京市粮食行业发展空间布局专项规划研究》、浙江省粮食和物资储备局《科学构建浙江省"双维度"救灾物资储备应急保障体系研究》、江西省粮食和物资储备局《江西稻米产业高质量发展研究》、山东省粮食和物资储备局《关于打造"齐鲁粮油"公共品牌引领山东粮油产业高质量发展的路径研究》、湖南省粮食和物资储备局《推动打造我国南方地区粮食主产区稻米优势产业链研究》、广东省粮食和物资储备局《粮食贸易新格局下广东粮食安全风险及防范措施研究》、云南省粮食和物资储备局《完善云南省省级储备粮管理模式研究》、国家粮食和物资储备局河北局《综合物资智能化管理研究》、国家粮食和物资储备局江西局《国家储备成品油收储轮换机制改革研究》、国家粮食和物资储备局广东局《综合性能源储备基地建设研究》、国家粮食和物资储备局云南局《国家储备天然橡胶企业代储模式研究》、国家粮食和物资储备局宁夏局《健全完善国家粮食和物资储备局垂管局监管体系建设研究》、吉林省粮食和物资储备局和黑龙江省粮食局《东北地区玉米外运现状及问题研究》（特约调研员）、江西省粮食和物资储备局《江西省粮食流通领域安全监管问题及对策研究》（特约调研员）、湖南省粮食和物资储备局《我国粮食贸易格局变化趋势与稻米安全风险及防范措施研究》（特约调研员）、四川省粮食和物资储备局《构建四川高效统一融合发展的粮食和应急物资储备体系研究》（特约调研员）、宁夏回族自治区粮食和物资储备局《"一带一路"背景下宁夏粮食产业经济发展的机遇挑战和路径选择研究》（特约调研员）、江苏

省南通市通州区发展和改革委员会《促进种粮大户高质量发展路径研究》（特约调研员）、滨州市粮食和物资储备局《粮食产业经济高质量发展研究——以山东省滨州市为例》（特约调研员）、河南工业大学《关于粮食生产保障立法的若干问题研究》、武汉轻工大学《新时代我国战略物资储备应急保障能力提升研究》等。

具有一定学术水平和实用价值的研究成果：国家粮食和物资储备局人事司《国家物资储备人才保障能力建设研究》、国家粮食和物资储备局标准质量中心《加强粮食标准化建设，不断增加粮油产品高质量供给研究》、国家粮食和物资储备局职业技能鉴定指导中心《加快粮食加工智能化进程，促进产业经济高质量发展研究》、国家粮食和物资储备局科学研究院《全球经济政策不确定性对中国粮食价格波动影响的实证分析》、天津市粮食和物资储备局《完善粮食和物资储备基础设施建设，优化储备布局结构——以天津市为例》、山西省粮食和物资储备局《山西省现代特色粮食产业体系发展模式研究》、辽宁省粮食和物资储备局和沈阳师范大学《以提质增效为目标，推进我国粮食供给侧结构性改革发展的对策研究》、吉林省粮食和物资储备局《吉林优质粳稻品质管控标准研究》、上海市粮食和物资储备局和南京财经大学《长三角一体化背景下的粮食和物资仓储物流设施优化利用研究》、安徽省粮食和物资储备局《粮食和物资储备高质量发展重点问题研究》、福建省粮食和物资储备局《主销区加强粮食质量过程管控，提高优质粮食供给研究》、河南省粮食和物资储备

局《以实施"优质粮食工程"为抓手构建现代化粮食产业体系研究》、湖北省粮食局《完善放心粮油市场体系与提升粮食应急保供能力研究》、海南省粮食和物资储备局《构建自贸区（港）条件下的现代粮食安全保障体系研究》、四川省粮食和物资储备局《推动粮食质检事业转型发展的运行保障机制研究》、陕西省粮食和物资储备局《陕西省天然气储备建设及运行机制研究》、甘肃省粮食和物资储备局和甘肃省粮油质量监督检验所《西北高原地区藜麦产业化发展研究》、青海省粮食局《构建更高层次、更加高效、更加安全、更可持续的青海粮食安全保障体系研究》、国家粮食和物资管理局吉林局《全面强化粮食流通、安全生产和物资储备监管，健全完善监管机制体制研究》、国家粮食和物资储备局河南局七三四处《国家物资储备油库应急救援基地建设研究》、国家粮食和物资储备局贵州局《国家物资储备仓库安全生产标准化建设体系研究——以贵州局为例》、河南省粮食和物资储备局《加强粮食质量监管，不断增加绿色优质粮油产品供给研究》（特约调研员）、江苏省淮安市发展和改革委员会《淮河生态经济带"五优联动"推进粮食产业经济高质量发展研究》（特约调研员）、中粮营养健康研究院《我国粮食加工产业落实"优粮优加"路径与措施研究》（特约调研员）、辽宁省粮食科学研究所《粮食产业高质量发展助力辽宁乡村振兴战略路径研究》（特约调研员）、南京财经大学《我国粮食产后损失的现状、原因及对策研究》等。

撰稿单位：中国粮食研究培训中心

撰稿人：刘珊珊、高丹桂
审稿人：颜波、王世海

（六）自然科学研究

1. 持续推进学科发展建设

开展行业重大科学问题和工程技术难题遴选推荐工作，2019 年向中国科协推荐了 3 项前沿科学问题和 5 项工程技术难题；向第六次国家技术预测推荐 12 项关键技术难题。中国工程院环境与轻纺工程学部新增粮油科学与技术专业。

2. 推动行业科技创新发展

2019 年，向中国科协推荐的 2 项技术成果入选中国科协前沿领域科技成果，提供的"技术咨询、政策咨询"服务入选中国科协《全国学会社会化公共服务产品目录》。组织 2019 年度科学技术奖评选工作，评选出获奖项目 24 项。其中，特等奖 2 项、一等奖 5 项、二等奖 10 项、三等奖 7 项。此外，组织专家完成"FBGY 系列小麦剥皮机的研制与应用"等 25 个项目的科技成果评价。

3. 积极开展国际交流合作

在海南省海口市召开以"全谷物产业发展、助力健康中国行动"为主题的第六届全谷物食品与健康国际研讨会，探索了全谷物产业的可持续发展，将有利于推动"健康中国"在粮食行业的贯彻落实。在辽宁省沈阳市主办了"一带一路"国际花生产业与科技创新大会，积极探索花生行业产学研国际合作新模式、新机制，为世界花生产业健康发展贡献中国智慧和中国方案。ISO/TC293 年会决议中国粮油学会饲料分会会长王卫国教授作为新 ISO 标准

Feed Machinery Terminology（饲料设备术语）的项目负责人；资助青年人才托举工程的 4 名被托举人开展国际学术交流活动。

撰稿单位：中国粮油学会
撰稿人：魏然、张勇
审稿人：王莉蓉

专栏 8 "科技兴粮兴储"

（一）聚焦守住管好"天下粮仓"

随着粮食仓储设施的改造升级，一大批先进技术装备得到推广应用，我国粮食仓储设施和技术跃上世界先进水平。如在"四合一"技术基础上，开发出横向通风和内环流新技术，并在粮食储备库中广泛应用。四川省推广低温储粮技术，实现了高质量、高营养、高效益和低损耗、低污染、低成本。下一步，将再谋新突破，瞄准安全、绿色、智能、精细仓储，力争通过几年努力，催生一批新技术新成果，增加先进技术储备，保持技术领先优势。同时，将适应新技术应用的需要，优化仓储人才队伍结构，培养造就一大批高技能人才，在更高水平上做到"广积粮、积好粮、好积粮"。

（二）突出企业创新主体地位

在粮食产业经济发展中，涌现一大批在技术革新、产品开发方面取得重大进展的龙头骨干企业。鼓励各类企业加大投入，培育一批技术创新中心，围绕行业增长点，选准科研主攻点，破解产业链条短、产品用途单一、转化成本高等"瓶颈"制约，开发一批适应消费需求升级以及产业迫切需要的新技术新产品。今后几年，将继续引导骨干龙头企业与科研单位深化产学研合作，在全国范围内建设一批粮食产业科技创新联盟等平台，整合人才、装备、资金、项目等资源，予以重点扶持，增强协同创新优势。

（三）加强公益性、基础性、前瞻性技术研究

吉林、海南、广西、辽宁等地方粮食科研院所，集中突破区域共性技术难题，取得了良好的技术经济效益。继续发挥各类科研院所人才智力密集，创新平台完备，科研实力雄厚的优势，从全球视野和实际需要出发，精心谋划推动创新，准确把握技术趋势，统筹科研创新、工程技术、设备研发力量，率先突破关键技术。支持有关高等院校，建设服务国家粮食和物资储备安全需求的重点学科，积极开展人才培养、基础研究、理论创新和技术服务。

（四）推动物资储备科技研发和技术转化

以推进新技术成果高效合理应用为着眼点，以构建科学、高效的技术应用体系为着力点，推进新科技产品合理应用于物资储备工作，在物资储存、仓储管理、质量安全、安全生产等方面应用一批先进适用的科技成果，摸索一批可复制、可推广的科技成果应用模式。探索构建物资储备科技创新体制机制，引导行业科技创新要素融入国家科技创新体系，突破关键技术难点，利用信息技术促进仓库设备设施升级改造，推进机械化设备应用实现物资储备管理提升，强化能源储备技术研究开发，确保物资收得进、储得好、调得动、用得上，提

高物资储备服务国家安全的能力。

撰稿单位：国家粮食和物资储备局安全仓

储与科技司

撰稿人：姚磊

审稿人：王旭

二　人才发展

（一）粮食行业机构总数 5.27 万个

2019 年末，全国各级粮食行政管理部门总数为 2938 个，其中，国家级 1 个、省级 31 个、市级 428 个、县级 2478 个。

1. 省级粮食行政管理部门相对稳定，本轮机构改革后主要由其他部门代管

31 个省级粮食行政管理部门中，属于省级政府组成部门或直属机构的粮食局有 5 个，分别是吉林、江苏、浙江、河南、湖南；由其他部门代管的粮食局（二级局）25 个；合并到其他部门但保留粮食局牌子的 1 个（重庆）。从代管或并入的部门看，发展和改革委员会 24 个，商务委员会（商务局）1 个（北京市商务局）。

2. 市县粮食行政管理部门变动较大，并入其他部门的占 85%

428 个市级粮食行政管理部门中，属于政府组成部门或直属机构的 73 个，占 17.1%，同比减少 50 个；由其他部门代管的粮食局（二级局）5 个，占 1.2%，同比减少 23 个；合并到其他部门的 350 个（其中保留粮食局牌子的 268 个，不再保留牌子的 82 个），占 81.8%，同比增加 72 个。从代管或并入的部门看，发展和改革局 304 个，占 71.0%，商务局 42 个，农业局 9 个。

2478 个县级粮食行政管理部门中，属于政府组成部门或直属机构的 193 个，占 7.8%，同比减少 453 个；由其他部门代管的粮食局（二

级局）169 个，占 6.8%，同比减少 133 个；并入其他部门的 2116 个（其中，仍保留粮食局牌子的 1595 个，不再保留粮食局牌子的 521 个），占 85.4%，同比增加 593 个。从代管或并入的部门看，发展和改革局 2043 个，占 82.4%，商务局 135 个，农业局 77 个，其他 30 个（如工业和信息化局、经济和信息化局等）。

3. 主产区粮食行政管理部门撤并较多，属于政府组成部门或直属机构的数量同比减少 23%

主产区省市县粮食行政管理部门中，属于政府组成部门或直属机构的数量占比为 12.1%，同比下降 22.8 个百分点；主销区和产销平衡区的占比分别为 5.5%、5.3%，同比分别下降 12.8 个百分点和 10.2 个百分点。主产区合并到其他部门机构数量占比为 80.3%，同比提高 22.8 个百分点；主销区和平衡区的占比分别为 90.4%、87.0%，同比分别提高 18.5 个和 23.7 个百分点。北京、天津、重庆和青海等地各级粮食局均由其他部门代管或粮食行政管理职能并入其他部门。

2019 年末，纳入统计范围的各类涉粮企业 48240 个，同比增加 113 个。其中：国有及国有控股企业 13416 个，占 27.8%，同比下降 0.3 个百分点；非国有企业 34070 个（其中，我国港澳台商及外商企业 754 个），占 70.6%。

（二）粮食行业从业人员 194 万人

2019 年末，全国粮食行业从业人员总数

194.15 万人，同比增加 1.27 万人。从单位性质看，行政机关 7.64 万人，同比增加 4.52 万人。因机构改革中被合并的机构暂按合并后单位总人数统计，2019 年从业人员数量与 2018 年统计口径不具有可比性；事业单位 3.46 万人（其中，参公管理事业单位 1.17 万人），同比增加 1300 人；各类涉粮企业 183.05 万人（其中，国有及国有控股企业 49.17 万人，非国有企业 115.78 万人），同比减少 3.28 万人。

1. 地方机构改革推进过程中市县粮食行政管理部门从业人员变动大

2019 年末，省级粮食行政管理部门从业人员 1989 人，同比增加 299 人；市级、县级分别为 21498 人、64465 人，同比增幅较大（粮食行政管理部门并入其他部门后暂按合并后单位总人数统计）。省级、市级和县级部门平均从业人员分别为 64 人、50 人和 26 人。在县级粮食行政管理部门中，粮食从业人员在 10 人及以下的有 771 个，占 31.1%，同比减少 563 个。其中，人员在 5 人以下的 432 个，占 17.4%，同比减少 312 个；仍有 89 个县级粮食行政管理部门专门从事粮食管理的人员仅为 1 人，占 3.6%。

2. 粮油食品加工和粮食深加工从业人员继续增加

在涉粮企业从业人员 183.05 万人中，粮油收储企业从业人员 52.62 万人，占总人数 28.7%，同比下降 0.5 个百分点；成品粮油加工企业从业人员 43.39 万人，占 23.7%，同比下降 1.1 个百分点。粮油食品企业从业人员 46.04 万人，占 25.2%，同比上升 1.8 个百分点；粮食深加工企业从业人员 13.63 万人，占 7.4%，

同比上升 0.4 个百分点；饲料加工企业从业人员 24.82 万人，占 13.6%，同比下降 0.3 个百分点；粮油机械制造业从业人员 2.31 万人，占 1.3%，同比上升 0.1 个百分点。2019 年，传统粮油收储企业和成品粮油加工业从业人员有所减少，粮油食品加工业保持较快发展态势，玉米深加工业产能持续扩张，从业人员占比继续提升。

3. 粮食产销区从业人员数量基本稳定

粮食主产区从业人员 139.58 万人，占总人数 71.9%，同比上涨 1.4 个百分点；主销区从业人员 33.55 万人，占 17.3%，同比上涨 1.4 个百分点；产销平衡区从业人员 24.05 万人，占 12.4%，同比下降 1.2 个百分点。河南、山东、安徽、黑龙江、江苏、湖北、广东、四川 8 个省份从业人员超过 10 万人，与上年相同。河南、山东、安徽 3 省继续保持前三地位，从业人员数量分别达 18.31 万人、17.65 万人、16.04 万人。青海从业人员仍为最少，仅 2981 人。

4. 长期职工人员占比略增

从业人员中，在岗职工 191.23 万人，其中长期职工 172.48 万人，占 90.2%；临时职工 18.75 万人，占 9.9%。长期职工占在岗职工的比重同比略增。2019 年末，在长期职工中，35 岁及以下人员 58.29 万人，占长期职工总数 33.8%，同比下降 0.3 个百分点；46 岁以上人员占 32.04%，同比上升 0.74 个百分点，行业从业人员整体年龄结构老龄化趋势明显。从单位性质看，行政机关 35 岁至 45 岁人员占比最高，为 34.2%；涉粮企业 35 岁及以下人员占比最高，为 30.6%。

5. 行业从业人员学历结构进一步优化

从长期职工学历结构看，大学专科及以上人员占 35.3%，同比上升 2.7 个百分点；高中及以下人员占 48.9%，同比下降 2.2 个百分点。从单位性质看，行政机关和事业单位学历结构明显好于涉粮企业。行政机关和事业单位大学本科及以上人员占 57.8%，同比提高 8.8 个百分点；涉粮企业高中及以下的低学历人员占 51.6%，同比下降 1 个百分点；我国港澳台商及外商企业学历结构好于内资企业。

6. 技术技能人才队伍进一步充实

全国粮食行业长期职工中，国家公务员 4.81 万人，事业单位管理人员 2.74 万人，企业经营管理人员 27.3 万人，专业技术人员 22.20 万人，工人 115.46 万人。与上年相比，各类别人员所占比例均变化不大。在专业技术人员中，高级职称 1.37 万人，占 6.2%（其中正高职称 4042 人，占 29.5%），同比增加 0.1 个百分点；中级职称 5.92 万人，占 26.7%，同比增加 0.4 个百分点。在工人中，技术工人 39.2 万人，占 33.9%，同比下降 0.3 个百分点；高级技师 7789 人，同比减少 195 人。

（三）粮食行业培训 215 万人次

2019 年，各级粮食部门和单位加强职工理论学习和专业培训。全国粮食行业共举办各类培训班 10.53 万期，同比增加 1400 期；累计培训 214.9 万人次，同比增加 20 万人次；参训率达 54.6%，同比上升 12.6 个百分点。

撰稿单位：国家粮食和物资储备局人事司

撰稿人：李涛、曲贵强、程鹏

审稿人：贾骞、李寅铨

专栏 9 "人才兴粮兴储"

（一）着力提升党政人才专业素质

聚焦粮食和物资储备深化改革、转型发展需要，面向省级粮食和物资储备行政管理部门举办 22 期培训班，组织 4175 人次参加"优质粮食工程"、执法督查、战略物资管理、安全生产等针对性、实用性的业务培训。各级粮食和物资储备行政管理部门和有关中央企业，也围绕自身推进重点工作需要，积极组织开展业务培训，提高广大干部职工的专业素质能力。

（二）着力培养高层次专业技术人才

围绕推动年度重点工作需要，有序开展粮食和物资储备专业技术人才队伍知识更新工作，分别以"基础设施建设"和"信息化建设"为主题，成功举办 2 期专业技术人员高级研修班。先后组织 140 名具有高级职称的专业技术人才，围绕信息化前沿技术和发展趋势，粮油、棉糖和战略应急物资仓储设施建设技术发展等内容开展研修。

（三）着力选拔培养高技能人才

组织开展第三批全国粮食行业技能拔尖人才选拔工作，选拔产生 20 名技能拔尖人才，资助其牵头成立技能拔尖人才工作室，对第五届全国粮食行业职业技能竞赛决赛获奖选手，按规定认定为技能拔尖人才。全国粮食行业技能拔尖人才总人数达 109 名。全年组织开展高级工、技师、高级技师培训 27 期，培训了 1000 余名高技能人才。

（四）着力建设行业人才培训基地

按照"人才兴粮"的部署要求，依托南京财经大学在粮油食品学科建设和粮食产业经济研究方面的优势，设立第三家全国粮食行业继续教育基地；发挥山东省现代粮食产业优势，在山东商务职业学院设立首家国家粮食和物资储备行业示范性高技能人才培训基地，进一步细化行业教育培训基地分类，提高人才培养和技能培训专业化水平，为着力实施人才兴粮兴储夯实基础。

撰稿单位：国家粮食和物资储备局人事司
撰稿人：曲贵强
审稿人：贾骞

三 粮食行业技能鉴定与职业教育

（一）行业技能鉴定工作持续高质量发展

1. 扎实推进技能人才培养工作

一是高质量开展职业技能鉴定。2019年，粮食行业累计完成行业特有工种职业技能培训鉴定11251人次，涵盖（粮油）仓储管理员、农产品食品检验员、制米工、制粉工、制油工5个职业，鉴定合格获证人数6432人次，合格率57.17%，同比增长2个百分点。在技能鉴定报名审核、理论考试、实操考核、技术总结、综合评定、证书发放各个环节，进一步强化监督检查力度，严把质量标准，推动行业技能鉴定管理制度化、规范化再上新台阶。

二是技能鉴定与技能竞赛协同推进。2019年10月，第五届全国粮食行业职业技能竞赛成功举办。决赛前，各初赛赛区开展大规模基层岗位比武，采用职业技能鉴定国家题库考核内容，严格按照技能鉴定规程组织考核，考核合格者可获得相应国家职业资格证书，既保证了比武选拔的规范性，又充分调动了一线职工参与竞赛的积极性，使一大批"粮工巧匠"脱颖而出。

三是颁布新版国家职业技能标准。中国粮食研究培训中心（国家粮食和物资储备局职业技能鉴定指导中心）组织百余名骨干专家，对粮食行业国家职业标准进行全面修订。国家有关部门颁布了《农产品食品检验员国家职业技能标准》《（粮油）仓储管理员国家职业技能标准》《制米工国家职业技能标准》《制粉工国家

职业技能标准》《制油工国家职业技能标准》。这5项国家职业技能标准紧扣行业实际和发展要求，对相关从业者的职业活动内容进行规范，对各等级从业者的技能和理论水平进行明确，指导有关部门更加准确有效地开展技能人才培训评价活动。原相应国家职业标准同时废止。

四是精心修订职业技能培训教程。国家粮食和物资储备局职业技能鉴定指导中心组织行业骨干专家，依据相关国家职业技能标准，对《（粮油）仓储管理员（初级 中级 高级）》《农产品食品检验员（初级 中级 高级）》培训教程进行修订，新版教材于2020年正式出版发行。新版教材更加强调操作技能培训，进一步增强技能鉴定考核评价的科学性和实效性。

2. 行业技能鉴定工作面临转型

2019年8月，国家人力资源和社会保障部印发《关于改革完善技能人才评价制度的意见》，提出建立并推行职业技能等级制度，健全完善技能人才评价体系，并陆续开展用人单位和第三方社会评价组织征集和试点工作。国务院决定分批取消水平评价类技能人员职业资格，推行社会化职业技能等级认定。粮食行业3项水平评价类职业资格将于2020年底之前全部转为职业技能等级认定并退出国家职业资格目录，已发放的职业资格证书继续有效。粮食行业将认真贯彻职业技能等级制度，做好衔接，积极推动行业技能鉴定社会化发展。

（二）扎实推进行业职业教育改革发展

1. 落实全国粮食职业教育教学指导委员会工作职责

一是组织相关专家对本行业高等职业院校和企业进行深度调研，并在深入研究和分析的基础上，将行业企业一线前沿的新知识、新技术、新工艺、管理服务的新规范纳入教学内容，修订完成《高职粮油储藏与检测技术专业教学标准》，于2019年10月顺利通过教育部评审并即将颁布试行。

二是不断深化产教融合、校企合作，提升粮食专业教师的实践技能，粮食行指委安排13所中、高职院校的19名教师，脱产到粮食行政管理部门和相关企事业单位开展实践锻炼，进一步促进粮食行业各属性单位与职业院校之间的交流合作，助力于提高人才培养质量，共育行业"粮工巧匠"。

2. 扎实开展课题研究

一是以粮食行业人才需求为导向，组织相关专业分委会结合行业发展对人才需求的趋势，开展粮食行业技能人才需求预测课题研究，形成《粮食行业人才需求预测与职业院校专业设置指导报告》，为行业人才发展的政策决策提供了参考建议，对职业院校粮食专业设置调整、专业建设及改革发展产生了积极影响。

二是围绕打造"智造强国"的国家战略目标，加快实施粮食加工智能化，粮食行指委结合粮食产业生产工艺特点，组织开展了《加快粮食加工智能化进程　促进产业经济高质量发展》的课题研究，并结合相关政策，提出了加快粮食加工智能化进程的政策建议。

3. 推进职业教育与产业对话活动

全国粮食行业职教联盟正式成立以来，为进一步推进产权活动发挥了重要作用。联盟积极组织职业院校与企业开展对话活动，初步形成了粮食行业职业教育、校企合作的对话协作机制，推动共建共享技能大师工作室和技术协同创新中心建设，不断加强业务交流与合作，促进粮食专业教育教学改革创新。

撰稿单位：中国粮食研究培训中心
撰稿人：沈红、张晋萍、王小可、鞠志远
审稿人：颜波、赵广美

专栏 10　第五届全国粮食行业职业技能竞赛

由国家粮食和物资储备局、中国就业培训技术指导中心和中国财贸轻纺烟草工会联合主办的2019年中国技能大赛——第五届全国粮食行业职业技能竞赛（以下简称"第五届竞赛"），于2019年10月24至26日在山东省烟台市成功举办。竞赛主题是"弘扬工匠精神，担当粮安使命"，开展（粮油）仓储管理员和农产品食品检验员两个职业的比赛。

来自30个省（区、市）以及中国储备粮管理集团有限公司、中粮集团有限公司、中国供销集团有限公司和19所职业院校共33支代表队，269名选手参加了比赛。经过角逐，中粮集团有限公司等6支代表队获得了"团体奖"，钱立鹏等62名参赛选手获得"优秀个人奖"，辽宁省粮食和物资储备局等12支代表队获得"优秀组织奖"，山东商务职业学院等4所职业院校获得"优秀院校奖"，曾伶等31位同志获"优秀教练员奖"，童国平等10位同志获"优秀指导教师奖"。

第五届竞赛参赛选手平均年龄29岁，最大的52岁，最小的16岁。其中，女选手118名，占44%；学生选手71名，其中高职42名，中职29名。（粮油）仓储管理员职业职工组参赛选手99名，平均年龄35岁，最大的51岁，最小的21岁。其中，女选手8名，占8%。学生组34名参赛选手，平均年龄19岁，最大的22岁，最小的16岁。其中女选手12名，占35%。农产品食品检验员职业职工组参赛选手99名，平均年龄32岁，最大的52岁，最小的22岁。其中，女选手67名，占68%。学生组参赛选手37名，平均年龄19岁，最大的23岁，最小的17岁。其中女选手31名，占84%。

（粮油）仓储管理员职业理论知识竞赛占总成绩30%，其中，职工组最高60分；高职学生组最高40.5分；中职学生组最高47分。农产品食品检验员职业理论知识竞赛占总成绩30%，其中，企业组最高63.5分；机构组最高59分；中职学生组、高职学生组理论知识得分普遍偏低。理论知识赛题整体难度偏大，能够合理拉开选手差距，职工组选手整体理论水平高于学生组选手。

（粮油）仓储管理员职业技能操作比赛分三个项目，占总成绩70%。其中，储粮通风机参数测定及风机配置合理性评价比赛项目，职工组平均得分79.3分，最高100分（5人），最低0分；高职学生组平均得分81.43分，最高100分，最低0分；中职学生组平均得分79.31分，最高95分，最低63分。佩戴正压式空气呼吸器检查气调储粮杀虫效果比赛项目，职工组平均得分73.72分，最高100分（2人），最低0分；高职学生组平均得分77.52分，最高90分，最低35分；中职学生组平均得分77.54分，最高94分，最低68分。计算机粮情检测与分析比赛项目，职工组平均得分50.78分，最高91分，最低21分；高职学生组平均得分46.24分，最高78分，最低26分；中职学生组平均得分

44.77 分，最高 64 分，最低 27 分。

农产品食品检验员职业技能操作比赛根据组别分四个项目，占总成绩 70%。其中，试样称量比赛项目，企业组平均得分 81.65 分，最高 118 分，最低 35.8 分；机构组平均得分 80.85 分，最高 117.9 分，最低 40.8 分；高职学生组平均得分 83.76 分，最高 117.7 分，最低 44.3 分；中职学生组平均得分 63.47 分，最高 87.7 分，最低 39.4 分。稻谷脂肪酸值的测定比赛项目，企业组平均得分 70.2 分，最高 99 分，最低 30 分；机构组平均得分 70.12 分，最高 94，最低 23 分；高职学生组平均得分 72.19 分，最高 103 分，最低 44 分；中职学生组平均得分 61.62 分，最高 81 分，最低 44 分。粮食验质定等比赛项目，企业组平均得分 51.02 分，最高 85 分，最低 16 分；高职学生组平均得分 51 分，最高 82 分，最低 20.5 分；中职学生组平均得分 35.5 分，最高 81 分，最低 18.5 分；粮食中真菌毒素的液相色谱法定量分析比赛项目，机构组平均得分 61.58 分，最高 97 分，最低 2 分。技能操作比赛项目难度设置合理，能够拉开选手差距，赛题符合职业技术特点，适合当前工作需要。

第五届竞赛的成功举办，集中展现了粮食行业一线技术职工的"工匠精神"和技能水平，诠释了"人才兴粮""科技兴粮"的丰富内涵，展现了粮食行业广大职工以"守住管好天下粮仓"为己任的情怀和为国家粮食安全保驾护航的能力和决心，为促进粮食产业高质量发展提供人才支撑。

撰稿单位：中国粮食研究培训中心
撰稿人：沈红、张晋萍、王小可、鞠志远
审稿人：颜波、赵广美

四 行业系统信息化建设

2019 年，国家粮食和物资储备局围绕加快形成粮食和物资储备信息化"一网通、一张图、一张表"主要目标，统筹推进整合资源、打通数据、贯通应用工作，多措并举强化行业信息化建设谋划和指导，信息化对日常工作和行业系统发展的支撑能力得到进一步增强。

（一）统筹全盘，信息化顶层设计蓝图绘就

1."十四五"谋划工作全面展开

印发《关于统筹推进粮食和物资储备信息化建设的指导意见》，明确"十四五"的总体思路方向。通过座谈、研讨、调研等方式，广泛问计于专家、智库，启动"十四五"信息化发展规划前期研究和规划编制工作。

2.资源整合优化方案编制出台

在 2019 年"整合资源、打通数据、贯通应用"集中攻坚取得阶段性进展的基础上，进一步深入梳理和反复论证，形成了《信息化资源整合优化工作方案》和 7 个子项方案，对到2020 年底的"一整两通"攻坚工作进行了统一、详细的安排。计划从网络、平台、应用、机房、安全、运维 6 个方面全方位系统性整合优化，为全局提供更加集约、实用、管用、好用的信息化环境，提升已有应用成效。

3.新办公区建设统筹推进

按照"同步设计、同步建设、同步迁移"的工作思路，与基建办紧密配合，会同有关专家和设计院所反复沟通论证，共同制定了新办公区信息化基础设施建设设计方案，明确综合布线、机房、视频会议室、应急指挥中心等的详细要求和施工方案。

（二）突出重点，"一整两通"集中攻坚初见成效

1.整合资源，加快实现"一网通"

在国家粮食和物资储备局层面整合粮食与物资储备两套网络资源，连通国家粮食和物资储备局国宏大厦、月坛北街 25 号院、月坛北小街 2 号院、科学研究院等多个办公地点涉密内网节点，实现机关、事业单位和垂管系统涉密网络全面互联互通，云、机房、已建和在建的信息化设施设备等基础资源得到充分利用。与中储粮集团通过专线实现部分监管数据直连。到 2019 年底，基本形成统一的云网支撑，实现平台化集成。在此基础上不断优化信息化资源配置、完善平台功能，与国家粮食和物资储备局办公楼综合改造信息化建设实现无缝对接、整体迁移。到 2020 年底，整合形成包含互联网门户网站、业务系统、管理系统、共享平台、数据中心、安全系统、运维系统 7 大系统的物理统一集中、逻辑分级授权的大平台。

2.打通数据，形成"一张图""一张表"

自 2019 年 7 月起，国家平台与省级平台"数据通"进度明显加快，已与安徽等 16 个省份实现业务数据对接，22 个接口累计上传数据405 万条，能够逐级下钻到具体库点，采集货位

的数量、质量和出入库、通风、熏蒸等数据信息。与山西、江苏、安徽、贵州、云南、宁夏等9个省级平台实现"视频通",累计接入285个库点8000路视频。坚持标准先行,同步制定了《国家粮食和物资储备管理平台与省级平台数据互通共享技术规范》《粮食行业视频监控系统互联互通技术规范》等基础标准规范。结合国家储备仓库安全综合整治提升三年行动和国家成品油储备能力建设工程,垂管系统储备仓库节点信息化顺利推进。按照成熟一个、打通一个的原则,各省级平台和垂管系统储备仓库节点都将陆续接入平台,实现"数据通、视频通"。2019年底基本形成接入库点储备布局"一张图"、数据"一张表",实现"业务全知道、现场能看到"。在此基础上不断扩大覆盖范围,与国家粮食和物资储备局办公楼综合改造同步建设安全数据中心,2020年基本实现粮食和物资储备布局"一张图"、储备数据"一张表"。

3. 贯通应用,提升政务业务便民服务

视频会议系统已连通32个省级粮食和物资储备部门,并投入使用,印发视频会议使用管理办法,进一步鼓励和规范使用;通过物资储备专网开通了26个垂管局会议系统,下一步可实现两套视频会议系统贯通使用。国家粮食和物资储备局网上办公系统正在优化完善,2020年底之前全面上线使用,实现局机关、事业单位与垂管局全流程网上办理和电子公文交换。持续在深化应用上下功夫,支持各司局单位最大化利用数据、网络和平台资源,提出业务需求,完善系统功能,再造业务流程,改进工作方式,提高效率效能。同时,扩大国家平台数据服务范围,有序向省级平台开放数据应用。国家粮食和物资储备

局政务服务旗舰店建成并上线试运行,实现了全部11项服务事项数据自动化采集,完成"互联网+监管"事项目录清单,并依托国家数据共享交换平台做好数据对接。

(三)紧盯目标,行业信息化建设稳步推进

1. 粮库智能化升级改造加速推进

地方粮库智能化升级改造6519个项目中,竣工验收4069个,完工率62%;开工建设6245个,开工率95%,比上年底分别增长17个和35个百分点。省级平台已建成15个,还有5个进入测试阶段。除重庆、西藏外,其他省份项目均全面开工,其中北京、江苏、安徽、山东、河南、湖南、贵州、青海、宁夏、新疆等省份基本完成建设任务。

2. 物资储备二期工程加快建设

建设覆盖国家粮食和物资储备局、26个垂管局的一体化管理平台和统一门户,升级办公系统,开发国有资产、固定资产投资、财务管理、人事管理、安全监管等业务应用系统,并为综合仓库和成品油库接入预留接口。目前已基本完成项目建设,实现三级互联互通,垂管局、直属处已实现网上办公,视频会议系统可连通26个垂管局。通过分保测评后即可与局涉密内网联通。

撰稿单位:国家粮食和物资储备局信息化推进办公室

撰稿人:杨正、彭守根、邝琼、葛亮、修阳、杨晓华、张维、张杰才、母亚双、史策、张书红、陈国清、赵文博

审稿人:卜轶彪、于英威

第十二部分
节粮减损与援疆援藏

一　节粮减损行动

（一）开展节粮减损系列科普活动增强公众爱粮节粮意识

2019 年全国粮食科技活动周以"科技人才共支撑、兴粮兴储保安全"为主题，宣传、普及与百姓密切联系的节粮减损、粮油营养健康、科学消费知识。活动期间举办的科技成果展示和技术、人才等对接活动聚焦节粮减损技术应用，宣介粮食产后减损技术应用案例，获得了广泛认可。在"科技列车行"甘肃行活动中，国家粮食和物资储备局向当地农户捐赠了农户科学储粮仓，邀请粮食储藏和加工领域专家在甘肃定西组织了多场科普讲座，获得普遍欢迎。全国各省份粮食管理部门也积极响应号召，围绕减少粮食产后损失、科学加工粮油等，开展了丰富多彩、富有成效的科普宣传活动，将节粮减损技术和健康营养消费粮油产品的科普知识送进家庭、社区、企业、机关等，取得了良好的宣传效果。

（二）充分发挥科技对节粮减损的支撑作用

以"规模化农户储粮技术及装备研究""粮油储藏品质保持减损新技术研究""粮食产后损失浪费调查及评估技术研究"等为代表的粮食公益性行业科研专项项目聚焦节粮减损技术需要，加大研究力度，取得了阶段性成果并已发挥减少粮食损失、提升粮食品质的积极作用。同时，"十三五"国家重点研发计划项目聚焦安全储藏技术创新和应用，积极开发节粮减损新技术、新成果，减少因粮食加工造成的不必要的粮食损失和能源消耗。

（三）依托"优质粮食工程"减少产后损失

"优质粮食工程"将建设粮食产后服务体系作为重要任务，通过粮食产后服务中心为农户提供清理、干燥、收储、加工、销售及其他延伸服务，促进粮食提质进档、推动节粮减损。如山东、安徽、江西、江苏等省已建成的粮食产后服务中心在粮食收购期间发挥了烘干提质的积极作用，同时收获后的粮食得到及时处理、妥善保管，减轻了阴雨天气对粮食品质的不良影响，在有效服务农户、促进增收的同时减少了粮食损失。另外，通过加强标准化粮食仓储设施及物流设施建设，以及设施维修改造，也大大减少了粮食在储藏和物流环节的损失浪费。

撰稿单位：国家粮食和物资储备局安全仓储与科技司

撰稿人：姚磊

审稿人：王旭

二　粮食安全宣传教育

2019 年，国家粮食和物资储备局按照中共中央办公厅、国务院办公厅有关文件要求，创新形式，注重实效，发挥典型引领带动作用，进一步丰富粮食安全宣传教育活动内容，拓展粮食安全宣传教育活动形式。通过打造全国粮食安全宣传周活动品牌、确定发布全国粮食安全宣传教育基地以及其他系列主题宣传教育活动，营造人人重视粮食安全、人人参与粮食安全、人人助力粮食安全的社会新风尚。

（一）打造全国粮食安全宣传周活动品牌

国家粮食和物资储备局会同农业农村部、教育部、科技部、全国妇联，以及联合国粮农组织，以"扛稳粮食安全重任 建设粮食产业强国"为主题，在全国范围内组织开展 2019 年世界粮食日和全国粮食安全宣传周活动。中央主流媒体围绕"全国粮食安全宣传周"活动品牌集中推出相关报道，通过网络直播、公益广告、深度报道、专版专题等多种形式，塑造打响"全国粮食安全宣传周"活动品牌。工业和信息化部协调中国移动、中国联通、中国电信三大运营商，在重点省份发送主题公益短信，引导公众形成粮食安全共识。

（二）确定发布全国粮食安全宣传教育基地

国家有关部门在全国范围内组织开展粮食安全宣传教育基地评选发布活动，分为国家和省（区、市）两级开展。国家级由国家粮食和物资储备局会同农业农村部、教育部、科技部、全国妇联等有关部门单位组织确定；省级由省级粮食和物资储备、农业、教育、科技、妇联等部门组织确定。10 月 16 日，在安徽主会场活动现场，发布了包括首都粮食博物馆、河北柏乡粮库在内的 12 家全国粮食安全宣传教育基地，展示交流了各基地在保粮护粮、粮食产业经济、粮食安全公益宣传等方面的典型事迹和经验，向全社会发出"粮食安全、人人有责"的主题倡议，并通过媒体宣传报道、主题宣讲等方式扩大典型示范效应，营造学习典型、为粮食安全做贡献的浓厚氛围。2019 年共确定发布 12 家全国粮食安全宣传教育基地，272 家省级粮食安全宣传教育基地。

（三）组织开展系列主题宣传教育活动

紧扣粮食和物资储备中心工作，围绕粮食产业强国建设、优质粮食工程、粮食收购、粮食质量安全等主题，精心策划选题，持续推出粮食安全、爱粮节粮系列主题宣传报道，推动构建粮食安全宣传教育长效机制。全年共制作播发公益视频 12 个，发布主题图解 17 篇，发布整版公益广告 5 次，开展网络直播 2 次，开设专栏 1 个，商请工业和信息化部协调中国移动、中国联通、中国电信三大运营商，在重点省份发送主题公益短信，覆盖 80% 以上人群。各级粮食和物资储备、农业、教育、科技、妇联等部门单位组织机关干部、农业科技专家和涉农院校师生，走进村庄、社区、学校，发放主题宣传册 20 余万套、主题宣传品 3 万余套。各地粮食和物资储备部门结合实际，组织开展形式多样的粮食安全宣传教育活动，在全国范围内形成了良好的联动效应。江苏组织第二届"粮安杯"粮食行业安全知识有奖竞答活动，安徽组织"实验室开放日"活动，福建组织"优质粮油一条街"粮食龙头企业展示活动，湖北组织"粮食安全蹲点调研"活动，营造了粮食安全、人人有责的良好氛围。

撰稿单位：国家粮食和物资储备局办公室

撰稿人：王辉、肖赟、杨婷婷

审稿人：方进、陈书玉

专栏 11　2019 年世界粮食日和全国粮食安全宣传周

2019 年 10 月 16 日是第 39 个世界粮食日，主题是"行动造就未来 健康饮食实现零饥饿"。所在周为全国粮食安全宣传周，主题是："扛稳粮食安全重任——建设粮食产业强国。"国家粮食和物资储备局会同农业农村部、教育部、科技部、全国妇联，以及联合国粮农组织，组织开展了全国粮食安全宣传教育基地确定发布活动。在全国粮食安全宣传周期间，各级粮食和物资储备部门会同农业、教育、科技、妇联等部门单位，创新形式，贴近群众，深入开展粮食安全系列主题宣教活动。

（一）精心组织主会场活动，确定发布全国粮食安全宣传教育基地

10 月 16 日，国家粮食和物资储备局等部门单位和联合国粮农组织，在中国科学技术大学联合主办 2019 年世界粮食日和全国粮食安全宣传周主会场活动。国家发展和改革委员会党组成员，国家粮食和物资储备局党组书记、局长张务锋讲话，安徽省人民政府副省长张曙光、农业农村部农业贸易促进中心主任张陆彪、联合国粮农组织驻华代表马文森分别致辞。

活动现场发布了包括首都粮食博物馆、河北柏乡粮库在内的 12 家全国粮食安全宣传教育基地，交流宣讲了各基地在保粮护粮、粮食产业经济、粮食安全公益宣传等方面的典型事迹和经验，向全社会发出"粮食安全、人人有责"的主题倡议。活动现场还开展了全国粮食和物资储备信息化展示。粮食和物资储备系统干部职工、粮油企业职工、院校师生、社区居民代表等 1800 余人参加了主会场活动。各地也结合实际情况，组织开展了分会场活动。

（二）深入开展粮食安全系列主题宣教活动

各级粮食和物资储备、农业、教育、科技、妇联等部门单位组织近万余名机关干部、农业科技专家和涉农院校师生，通过专家宣讲、座谈交流、倡议签名、走访调研等多种形式，走进社区校园，深入田间地头，宣讲我国粮食安全成就，展现我国粮食产业强国建设成效，普及节粮减损科技知识，得到了社会各界的广泛欢迎和好评。

1. 宣讲粮食安全成就

通过专家解读、专题讲座、发放《中国的粮食安全》白皮书等方式，向职工、学生、农民等不同群体宣传我国粮食安全成就，重点讲解国家在提升粮食生产能力、保护和调动粮食种植积极性方面的有力举措。深入解读中国特色粮食安全之路，系统阐释我国粮食领域在对外开放与国际合作上的理念与经验，让积极维护世界粮食安全成为社会共识。

2. 展现粮食流通改革成效

采取播放宣传片、开放实验室以及邀请公众现场参观等形式，向社会各界宣讲粮食政策

兴粮惠农效果，展现粮食仓储信息化建设水平、粮食产业经济发展情况等一系列粮食流通改革成效。围绕公众关切热点，重点介绍"中国好粮油"品牌，全面推广粮食产后服务中心"代清理、代干燥、代储存、代加工、代销售""五代"服务，提振公众对我国粮食安全保障能力的信心。

3. 普及节粮减损知识

以集中宣讲、座谈交流、答问互动等方式，向职工、学生、居民等不同群体讲解粮食生产、收获、运输、保管等方面科技知识，增强公众粮食安全意识，提高节粮减损技能。发放主题宣传册 20 余万套、主题宣传品 3 万余套，宣传推广"代清理、代干燥、代储存、代加工、代销售""五代"服务，提高粮食产后专业化服务水平。

撰稿单位：国家粮食和物资储备局办公室
撰稿人：王辉、肖赟、杨婷婷
审稿人：方进、陈书玉

三 支援地方与援疆援藏

（一）助力阜南县粮食产业经济发展

2019年，国家粮食和物资储备局党组根据安徽省阜南县实际情况和现实需求，以优质粮食工程为抓手，着力推动粮食产业高质量发展，取得积极成效。国家粮食和物资储备局党组书记、局长张务锋先后主持3次会议，局党组成员、副局长曾丽瑛、梁彦先后主持6次专题会议，安排部署相关工作。2019年超额完成各项任务计划，其中，投入资金655万元，完成164%；引进资金841万元，完成105%；培训基层干部385名，完成128%；培训基层技术人员831名，完成277%；购买农产品266万元，完成532%；帮助销售79.3万元，完成132%。

2019年国家粮食和物资储备局领导2次、各司局单位11次、累计60人次到阜南调研督导。10月，张务锋局长带队到阜南县调研督导，针对当地粮食精深加工和转化增值能力较弱的"短板"，提出深入实施优质粮食工程，继续优化当地种植结构，引进龙头企业就地加工转化，促进粮食产业高质量发展，逐步实现产粮大县向粮食产业强县转变，打造粮食产业助力乡村振兴的"阜南样板"。8月，梁彦副局长到阜南开展调研，针对当地缺优势产业、缺优质产品、缺销售渠道等问题，提出发展粮食产业扩大优质粮种植，扶持农民合作社开展农产品初加工、援建生鲜冷库等项目建设，搭建完善阜南好粮油直营店、京东阜南扶贫馆等线上线下销售平台，帮助阜南县疏通优质农产品销售"最后一公里"。

把实施优质粮食工程与乡村振兴有效衔接，因地制宜发挥阜南县小麦种植面积广的优势，聚焦和延伸粮食产业链，形成"优质品种示范种植—规模化种植—就地加工转化"三步走的思路，与阜南县沟通达成高度共识，深入推进优质粮食工程。2017年以来，连续三年协调安排财政补助资金累计3715万元，并组织和带动企业投资18650万元，支持阜南县实施优质粮食工程。2018年示范种植1.5万亩优质小麦喜获丰收，亩产增加100多斤，一季每亩增收200多元，近万名农民受益。2019年，依托中化农业、中粮贸易两家示范企业扩大订单种植30万亩优质小麦，将原来100多个普通品种优化到4个优质品种和2个试验品种，其中1个品种面积达16万亩，由企业统一布局供种、统一田间管理、统一订单购销，引导农民科学种植，实现"种出好品质、卖出好价钱"。建成10个粮食产后服务中心，烘干能力4万吨。建立1个粮食质检中心，具备3000份样本以上的年检测能力，可就地检测主要品质指标。优质粮食工程3个子项目对优化当地种植结构、提高优质品率、节粮减损增收作用明显。

2019年，为来自169个县的300多家企业和合作社免费提供展台，现场销售额72万元，实际签约金额2.37亿元，其中阜南县销售和签约874万元，效果超出预期。帮助建设阜南好粮油直营店等，开展"阜南好粮油进北京"产销对接，拓宽阜南小麦、冬桃、核桃、花生等农产品销路，帮助阜南县销售 926.3 万元。2019 年 8 月当地黄桃滞销，挂职干部主动对接人人优品网销售平台，一周时间售出 5.5 万斤，提振了广大果农依靠自身致富的信心。

大力开展各类培训。2019 年累计培训约 1925 人次，包括培训基层带头人 385 人次，培训光伏管理 592 人次，培训特色种养植（殖）、电子商务等 889 人次。

（二）援疆援藏和对口支援工作一体推进

"十三五"以来，国家粮食和物资储备局高度重视援疆援藏和对口支援工作。共派 7 名干部驻地援疆援藏和支援江西于都工作，并积极推动全国粮食行业开展对口支援。

推动新疆粮食收储制度改革。指导新疆通过组建运行粮食收购贷款信用保证基金等方式，筹集粮食市场化收购资金，帮助企业有钱收粮，推动粮食收储制度改革顺利实施，保护种粮农民利益，总结推广新疆经验，得到李克强总理等领导肯定批示。巩固小麦收储制度改革成果，充分利用市场机制作用，实现农民、政府、各类市场主体多方共赢。

积极实施智力援藏。组织对新疆、西藏开展粮食重金属检测等技术培训、优质粮食工程建设项目专题培训等，支援西藏开展职业技能鉴定工作，协助和指导西藏自治区粮食部门申报并加快推进《青稞》《青稞储存品质判定规则》两项国家标准和《中国好粮油——青稞及其制品》行业标准的制修订，积极推动标准的研制。

撰稿单位：国家粮食和物资储备局规划建设司

撰稿人：刘晨、韦晓燕、朱栋

审稿人：钱毅、刘翔宜、晁铭波

第十三部分
对外开放与国际合作

一 粮棉糖进出口

（一）粮食

1. 粮食进口稳中有降

据海关统计，2019 年我国进口粮食 11144 万吨，比上年减少 411 万吨，降幅 3.6%。

（1）大豆。2019 年我国进口大豆 8851 万吨，同比增加 48 万吨。其中，巴西大豆进口下降，进口 5767 万吨，降幅 13%，占比 65%；美国大豆进口与上年基本持平，进口 1694 万吨，占比 19%；阿根廷大豆进口 879 万吨，占比 10%。

（2）小麦。2019 年我国进口小麦 349 万吨，同比增加 39 万吨，增幅 13%。其中，自加拿大、法国、哈萨克斯坦、美国和澳大利亚进口分别为 166 万吨、48 万吨、42 万吨、24 万吨、19 万吨，占比分别为 48%、14%、12%、7%、5%。自加拿大、法国进口比上年分别增加 28.1 万吨、47.9 万吨，自澳大利亚、美国、哈萨克斯坦进口同比分别减少 62%、35%、26%。

（3）玉米。2019 年我国进口玉米 479 万吨，同比增加 127 万吨，增幅 36%。其中，自乌克兰、美国、老挝和缅甸进口分别为 414 万吨、32 万吨、14 万吨、12 万吨，占比分别为 86%、7%、3%、3%。自乌克兰进口同比增加 41%，自美国进口量与上年基本持平。

（4）大米。2019 年我国进口大米 255 万吨，同比减少 51 万吨，减幅 17%。其中，自巴基斯坦、泰国、缅甸和越南大米进口分别为 60 万吨、57 万吨、55 万吨和 48 万吨，占比分别为 24%、22%、22% 和 19%。

2. 粮食出口增加

2019 年我国出口粮食 435 万吨，比上年增加 69 万吨，增幅 19%。其中，大米 275 万吨，比上年增加 66 万吨；玉米 2.6 万吨，比上年增加 1.4 万吨；大豆 11.4 万吨，比上年减少 2 万吨。

（二）食用油

2019 年全球油脂油料供需宽松，但较上年有所收紧。2019 年我国食用油进口增加较多，全年进口量 953 万吨，比上年增加 324 万吨。其中，棕榈油 561 万吨，比上年增加 204 万吨；豆油 83 万吨，比上年增加 28 万吨；菜籽油 162 万吨，比上年增加 32 万吨。进口油菜籽 274 万吨，比上年减少 202 万吨。

2019 年出口 26.7 万吨，比上年减少 2.8 万吨。其中，豆油 19.7 万吨，比上年减少 2.1 万吨，占出口总量的 74%。

（三）棉花

据海关统计，2019 年全国累计进口棉花 184.9 万吨，同比增长 17.6%。从进口来源国看，巴西居首位，进口量 50.5 万吨（占 27%），增长 172.4%；其他主要来源国依次为澳大利亚（39.8 万吨，占 22%）、美国（36.1 万吨，占 20%）、印度（20.6 万吨，占 11%）。

（四）食糖

国际糖价低位运行刺激食糖进口，进口量

大幅增长。据海关数据，2019 年全国累计进口食糖 339 万吨，较上年增长 21.1%。从进口来源国看，巴西居首位，进口量 139 万吨（占41%），其他主要来源国为泰国（74 万吨，占22%）、古巴（42.7 万吨，占 13%）。

2019 年累计出口食糖 18.6 万吨，较上年下降 5.2%。

二 对外交流与合作

（一）参与国际粮食安全治理，推动落实联合国 2030 年可持续发展议程

为深化南南合作，与发展中国家分享中国粮食成功经验，推动落实联合国《2030 年可持续发展议程》，2019 年 6 月，国家粮食和物资储备局与联合国世界粮食计划署（WFP）在河南省郑州市签署了关于开展南南合作的谅解备忘录。备忘录的签署是双方在粮食领域加强合作，帮助发展中国家提高粮食安全和营养水平的重要举措，也是我国粮食领域历史上第一次与联合国粮农机构建立长期合作机制关系。双方将在备忘录框架下进一步深化粮食领域合作，把中国在粮食仓储体系管理、产后节粮减损、产后服务、促进小农户与市场衔接等方面的技术和经验等推广到需要更多帮助的广大发展中国家，保障国际粮食安全。

（二）推动区域粮食安全合作，维护区域粮食安全

发挥国家粮食和物资储备局在亚太经合组织（APEC）、亚洲合作对话（ACD）、亚太农业与粮食市场联合会（AFMA）等多边国际合作机制中粮食安全领域牵头单位或成员的作用，深化粮食安全治理与合作，维护国际粮食安全。作为 APEC 粮食安全政策伙伴关系机制（PPFS）中国政府代表单位，派员参加 PPFS全体会议、专业研讨会、粮食安全周系列会议、粮食安全部长会议等，与成员经济体在粮食供应链数字化发展、粮食产后减损、粮食系统营养提升等方面深入交流合作；认真参与部长会议成果文件《粮食安全巴拉斯港宣言》的多轮修改及磋商，积极斗争，严守底线，捍卫多边体制的原则和尊严，维护我国在 APEC 粮食安全领域的话语权和影响力。

（三）落实中非合作论坛北京峰会精神，拓展与非盟粮食安全国际合作

为深入贯彻习近平总书记关于秉持真实亲诚理念和正确义利观、促进中非全面合作的重要指示，推进在中非合作论坛北京峰会"八大行动"和共建"一带一路"框架下的粮食领域务实合作，2019 年 9 月，国家粮食和物资储备局派出代表团访问非盟委员会。双方就加强粮食领域务实合作特别是粮食产后减损深入交换看法，达成广泛共识，并在埃塞俄比亚首都亚的斯亚贝巴正式签署了关于加强粮食领域合作

的谅解备忘录，为促进中非全面合作丰富了内涵、开拓了空间、探索了路径。10月，组织专家、有关企业参加第二届非盟粮食产后减损大会，分享我国在粮食仓储管理与电子交易平台建设方面的技术和经验，展示我国粮食技术及装备。11月，再次派出高访团与非盟就落实谅解备忘录进行对接沟通，探讨确定主要合作内容。

（四）夯实合作基础，推动合作伙伴关系纵深发展

积极发挥高层交往在开辟对外合作渠道、开拓企业海外市场、促进重要合作项目等方面的引领拉动作用，派出高级别访问团组与埃及、埃塞俄比亚、南非、科特迪瓦、瑞士、葡萄牙、法国、土耳其、乌克兰、智利、阿根廷、墨西哥等国相关行政管理部门和科研院所商谈加强粮食产后管理、质量检验、粮食产业发展和物资能源储备管理等领域的合作，推动粮食和物资储备领域双边合作关系纵深发展。接待外国政府粮农和物资储备主管部门、外国粮油协会、国际粮农组织和跨国企业高级代表团20个，来访外宾近80人次，主要包括：阿根廷农业产业部部长、乌拉圭牧农渔业部部长，乌克兰经济发展、贸易和农业部副部长，法国粮食出口协会主席、美国谷物协会会长、WFP亚太地区局局长等。与阿根廷农业产业部、阿根廷驻华使馆共同举办中阿豆粕产业对话会；与乌克兰经济发展、贸易和农业部达成签署谅解备忘录的初步意向；与韩国调达厅、韩国驻华使馆探讨重新签署物资储备领域合作谅解备忘录。与

国际能源署探讨建立长期合作关系的可能性；与澳大利亚粮食行业市场准入论坛共谋羽扇豆贸易合作潜力。通过与到访同行就粮食生产、消费和贸易，物资储备和调运管理等方面情况进行沟通和了解，进一步挖掘合作潜力。组织来自联合国系统、非盟、外国驻华使馆的外国官员参加第二届粮食交易大会，实地参观郑州商品交易所、开封市茂盛粮食机械公司、中储粮新港直属库等，深入一线了解我国在粮食期货交易、粮食机械装备、粮食产后及仓储管理等方面的先进技术经验。外国官员对中国经验表示高度赞赏，提出深化粮食安全合作需求，我国粮食安全合作朋友圈进一步扩大。

（五）高效协同配合，形成粮食安全国际合作强大合力

做好落实《2030年可持续发展议程》部际协调机制成员单位工作，通过与非盟、WFP开展粮食安全合作，深度参与APEC粮食安全议程讨论和规划，促进APEC粮食领域务实合作，履行大国责任，分享我国在粮食安全领域的中国经验和中国智慧，推动实现联合国2030年"将零售和消费环节的全球人均粮食浪费减半，减少生产和供应环节的粮食损失"可持续发展目标。

作为农业对外合作部际联席会议成员单位，与各成员部门共同谋划、群策群力，鼓励并引导更多有条件的粮油企业"走出去"。组织相关单位对中国—东盟粮食产业合作开展调研，提出推进"一带一路"粮食产业合作的建议。通过多双边合作搭建平台，借助第二届粮食交易大会契机，邀请企业参加粮食行业"一

带一路"建设实践展，为企业与外方合作牵线搭桥，为推动我国粮食技术、装备"走出去"，推动粮食企业、粮机企业参与"一带一路"建设创造更好的条件、更多的机会。

作为对外援助部际协调机制成员单位，配合国际发展合作署，做好对外粮食援助工作，在南南合作框架下推进技术援外，积极探索粮食实物援助的可行性，组织推荐对外援助咨询单位和专家，为援外工作提供智力支持。

做好世贸组织贸易政策审议部际工作组成员单位工作，配合商务部提供世贸组织贸易政策审议问题单，派员参加世贸组织农业委员会例会，对世贸组织主要成员执行《农业协定》情况进行审议，并积极配合我常驻世贸组织代表团的贸易政策审定工作，保障我国在世贸组织中的合法权益和话语权。

（六）精心谋划组织，持续提升全系统人才国际化水平

派出粮食行业和物资储备领域科研技术和管理人员参加国际学术研讨及交流会议、执行交流合作任务。比如派员参加国际标准化组织谷物与豆类分委员会年会、国际谷物理事会粮食年会、中国—欧盟食品、农业和生物技术专家研讨会、中日稻米产业发展技术交流会、国际谷物科技协会大会、美国农业经济年会、天然橡胶生产国组织年会、国际石油储备机构年会、与澳大利亚默多克大学开展储粮通风、熏蒸技术交流等科研学术活动，了解国际相关领域先进成果和前沿技术，完善粮油标准化制修订工作，开展粮油生产、消费和贸易等信息分析和交流，进一步提高粮食行业和物资储备领域人才的国际化水平和国际交流合作能力。

组织粮食和物资储备相关管理和技术人员赴法国、巴西、澳大利亚和日本开展粮食安全监测预警、国家粮食安全与粮食财税金融支持政策、粮食和物资储备技术技能人才指导能力提升、石油储备基地管理技术等培训。通过这些培训项目，学习国外先进技术及经验，有效提升全系统干部队伍的国际视野，提高我国粮食流通宏观调控能力，提升物资储备管理水平，推动粮食和物资储备系统深化改革转型发展。

撰稿单位：国家粮食和物资储备局外事司
撰稿人：胡瑶庆、张怡
审稿人：曹颖君

附　录

一 2019 年大事记

一月

1 月 17 日至 18 日，全国粮食和物资储备工作会议在京召开。会议以习近平新时代中国特色社会主义思想为指导，深入贯彻中央经济工作会议、中央农村工作会议精神，认真落实全国发展和改革工作会议部署，总结工作、研判形势，部署 2019 年粮食流通和物资储备工作。会议认真传达贯彻了国务院总理李克强、副总理韩正、国家发展和改革委员会主任何立峰的重要批示。国家发展和改革委员会党组成员、副主任张勇出席会议并讲话，张务锋同志作工作报告，曾丽瑛同志作会议总结，卢景波、黄炜、韩卫江、梁彦、何毅、宋红旭同志出席会议。

1 月 18 日至 19 日，国家粮食和物资储备局垂直管理局 2018 年度集中述职述廉评议会议在京召开。各垂直管理局主要负责同志代表本局党组，围绕深化改革、转型发展和确保安全稳定廉政工作进行述职述廉。张务锋、曾丽瑛、卢景波、黄炜、韩卫江、梁彦同志出席，驻国家发展和改革委员会纪检监察组有关负责同志出席会议指导。

1 月 20 日，国家粮食安全政策专家咨询委员会 2019 年全体委员会议在北京召开。会议深入贯彻习近平新时代中国特色社会主义思想和党的十九大精神，认真贯彻落实中央经济工作会议、中央农村工作会议精神及全国粮食和物资储备工作会议要求，全面总结专家咨询

委员会 2018 年工作成效，研究部署 2019 年工作重点，同时围绕国际国内新形势下保障国家粮食安全开展专题咨询。专家咨询委员会顾问陈锡文出席，委员会主任委员张晓强作工作报告，委员会副主任委员赵中权主持会议。张务锋、卢景波、黄炜、韩卫江、何毅同志和 20 余名专家委员出席。

1 月 25 日至 27 日，张务锋、卢景波、黄炜、韩卫江、何毅同志，分别带队赴河北、江西、重庆、北京、河南等地开展安全生产督导调研，并看望慰问粮食和物资储备系统困难职工。

1 月 29 日，国家粮食和物资储备局召开2018 年度工作总结表彰大会。张务锋同志代表局党组讲话，曾丽瑛同志主持会议，卢景波、黄炜、韩卫江、梁彦、何毅、宋红旭同志出席会议。

1 月 30 日，国家发展和改革委员会、农业农村部、国家粮食和物资储备局等 11 个部门联合印发《关于认真落实 2019 年度粮食安全省长责任制的通知》，要求各地切实推动落实2019 年度粮食安全省长责任制重点工作任务。

二月

2 月 13 日，国家粮食和物资储备局党组召开新任司处级干部集体谈话会，认真传达学习习近平总书记在中央政治局第十次集体学习时的重要讲话精神，对新任司处级干部提出要求

和希望。张务锋同志出席会议并讲话，曾丽瑛同志主持会议。

2月13日，国家粮食和物资储备局举行新组建后首次司处级工作人员宪法宣誓仪式。张务锋同志监誓，曾丽瑛同志主持，黄炜、韩卫江、梁彦、何毅同志出席，160余名司处级干部参加宣誓。

2月21日至3月1日，韩卫江同志率团出访智利、阿根廷。代表团先后与智利农业部、阿根廷农业产业部进行会谈，与我国驻阿根廷大使和中粮国际南锥体（巴西、阿根廷、乌拉圭）公司进行座谈，调研智利、阿根廷当地粮油市场。在智利首都圣地亚哥参加亚太经合组织（APEC）粮食安全政策伙伴关系（PPFS）2019年第一次全体会议以及PPFS与OFWG（海洋和渔业工作组）联合会议。

2月25日，国家发展和改革委员会会同国家粮食和物资储备局等五部门共同发布《关于公布2019年稻谷最低收购价格的通知》，明确2019年生产的早籼稻（三等）、中晚籼稻和粳稻最低收购价格分别为50公斤120元、126元和130元，保持2018年水平不变。

2月25日，张务锋同志会见新疆维吾尔自治区党委常委、自治区副主席艾尔肯·吐尼亚孜一行，就深入贯彻落实党中央治疆方略，统筹推进新疆粮食和物资储备工作进行座谈会商。曾丽瑛、黄炜、梁彦、何毅同志参加。

2月26日，国家粮食和物资储备局召开局党组理论学习中心组集体学习，认真传达学习习近平总书记在省部级主要领导干部专题研讨班开班式上的重要讲话、在中央政法工作会议上的重要讲话精神和《中共中央关于加强党的政治建设的意见》《中国共产党重大事项请示报告条例》，并围绕"聚焦国家储备安全核心职能，切实增强防范化解重大风险能力"主题，深入开展学习研讨。张务锋同志主持并作总结发言，局党组理论学习中心组成员参加，驻国家发展和改革委员会纪检监察组有关负责同志出席会议指导。

2月27日，中共中央政治局常委、国务院副总理韩正出席全国政策性粮食库存数量和质量大清查动员电视电话会议并作重要讲话，对做好大清查工作做出全面安排部署，提出具体要求。国家发展和改革委员会党组书记、主任何立峰通报全国大清查试点情况并部署大清查具体工作，黑龙江、湖北、广东、陕西省有关负责人在分会场作了发言。全国政策性粮食库存数量和质量大清查部际协调机制成员单位、有关部门单位和企业负责人在主会场参加会议，地方各级政府及有关部门单位负责人在分会场参加会议。

2月27日，张务锋同志到12325全国粮食流通监管热线话务中心和大清查办公室看望慰问工作人员，围绕落实全国政策性粮食库存数量和质量大清查动员电视电话会议精神，强化统筹协调，畅通监督渠道，推动任务落实，进行调研督导。卢景波同志、中国联通集团副总经理范云军参加相关活动。

三月

3月7日，国家粮食和物资储备局"巾帼建功"先进集体和个人表彰会在北京召开，张务锋、曾丽瑛、梁彦同志出席。

3月17日至19日，国家粮食和物资储备

局在陕西西安举办 2019 年储备仓库作业安全培训班。梁彦同志出席开班式并讲话。16 个垂管局分管安全的负责同志和物资管理处、安全保卫处负责同志，以及有关储备仓库负责同志参加培训。

3 月 27 日，卢景波同志会见法国粮食出口协会新任主席菲利普·贺赛尔先生一行。双方表示，在现有良好合作的基础上，继续深化在粮食流通、粮食信息交换、粮食科学研究等方面的务实交流与合作。

四月

4 月 1 日，国家粮食和物资储备局召开直属机关工会第一次会员代表大会暨第一次妇女代表大会。会议选举产生了局直属机关工会第一届委员会、经费审查委员会和妇女委员会，选举产生了工会主席、副主席，经费审查委员会主任、妇女委员会主任。张务锋同志出席开幕式，曾丽瑛同志讲话，国家发展和改革委员会直属机关党委负责同志出席开幕式并致辞。局机关 100 余名工会会员代表和 50 余名妇女代表参加大会。

4 月 14 日至 21 日，曾丽瑛同志率团出访瑞士、葡萄牙。代表团先后访问瑞士布勒集团和葡萄牙国家农牧研究院，实地调研瑞士布勒集团总部、创新中心、应用中心、食品加工厂。在瑞士期间，赴中粮国际控股有限公司调研考察，听取工作情况汇报。

4 月 16 日，全国政策性粮食库存数量和质量大清查部际协调机制第二次会议在国家发展和改革委员会召开。会议通报了各地区各有关部门认真贯彻落实韩正副总理重要讲话和批示

精神采取的措施、取得的成效，分析研判当前大清查工作的突出问题，研究部署了下一步重点任务。部际协调机制召集人、国家发展和改革委员会副主任张勇出席会议并讲话，张务锋同志主持会议。

4 月 17 日至 20 日，张务锋同志带队，代表全国政策性粮食库存数量和质量大清查部际协调机制，实地督导巡查黑龙江、辽宁两省大清查工作，卢景波同志参加督导巡查。张务锋一行察看了部分储备库点，详细询问政策性粮食库存制度规范、安全管理和清查进展、发现问题及整改情况；听取两省大清查工作进展情况汇报，并提出希望要求。

4 月 28 日，应急管理部、国家粮食和物资储备局共同召开中央防汛抗旱物资储备管理座谈会。会议通报了有关中央防汛抗旱物资储备管理职责交接情况，部署安排了下一步中央防汛抗旱物资储备管理工作。应急管理部党组成员、副部长郑国光出席，张务锋同志主持会议并讲话，梁彦同志出席。

五月

5 月 7 日，全国政策性粮食库存数量和质量大清查调度督导电视会议在北京召开。会议认真传达贯彻了国务院领导同志重要批示精神以及部际协调机制第二次会议精神。张务锋同志出席会议并讲话，曾丽瑛主持会议，卢景波通报大清查工作进展情况和普查工作应重点关注的问题，韩卫江、梁彦、何毅、宋红旭同志参加会议。

5 月 9 日，"牢记初心使命 推动改革发展"国家粮食和物资储备局机关青年干部演讲比赛

在北京举行，张务锋、曾丽瑛、卢景波、黄炜、韩卫江同志出席。

5月13至15日，全国夏季粮油收购工作会议在湖北武汉召开，分析研判2019年夏季粮油生产、收购形势和价格走势，安排部署收购工作。卢景波同志出席会议，之后出席夏粮收购新闻发布会。

5月16日，国家粮食和物资储备局召开全系统党风廉政建设工作会议，深入贯彻落实中纪委三次全会和国务院第二次廉政会议精神，交流工作经验，分析研判当前全系统党风廉政建设工作形势，部署反腐倡廉各项任务。张务锋同志与各司局单位党组织书记签订党风廉政责任书并讲话。曾丽瑛同志主持会议，梁彦、何毅同志出席，驻国家发展和改革委员会委纪检监察组有关负责同志到会指导。

5月21日，国家粮食和物资储备局与江苏省人民政府在南京签署战略合作协议，张务锋同志与江苏省委常务、常务副省长樊金龙代表双方签约并讲话，黄炜同志出席。

5月21日，2019年全国粮食科技活动周在江苏南京举行，此次粮食科技活动周主题为"科技人才共支撑、兴粮兴储保安全"。张务锋同志与江苏省委常务、常务副省长樊金龙出席启动仪式并致辞，黄炜同志主持启动仪式。

5月21日，全国粮食和物资储备系统科技和人才工作座谈会在江苏南京召开。会议认真落实习近平新时代中国特色社会主义思想，深入贯彻科教兴国和人才强国战略，交流经验，创新举措，推动科技人才兴粮兴储。张务锋同志出席会议并讲话，黄炜同志主持会议并通报情况。

5月23日，张务锋同志带队，农业农村部、水利部、国家粮食和物资储备局等部门相关人员组成联合工作组，赴江西省对2018年度落实粮食安全省长责任制情况进行考核抽查，并对政策性粮食库存数量和质量大清查工作开展督导巡查。江西省委副书记、省长易炼红会见工作组成员，副省长吴晓军出席见面会。

5月25日，张务锋同志带队到江西省于都县，就认真学习贯彻习近平总书记视察于都重要指示精神，做好对口支援工作进行调研。

5月30日，国家粮食和物资储备局召开直属机关第一次党员代表大会，深入学习贯彻习近平新时代中国特色社会主义思想，认真落实新时代党的建设总要求和新时代党的组织路线，全面总结党的十八大以来机关党的建设和党风廉政建设工作，研究确定下一步党建工作任务目标。张务锋同志出席大会开幕式并作讲话，卢景波、黄炜、韩卫江同志，国家发展和改革委员会直属机关党委、驻委纪检监察组有关负责同志出席开幕式，曾丽瑛同志作党的十八大以来机关党的建设情况报告并致闭幕词。

六月

6月2日至3日，国家粮食和物资储备局2019年离退休干部工作会议在山东青岛召开，曾丽瑛同志出席会议并调研。

6月4日，国家粮食和物资储备局召开"不忘初心、牢记使命"主题教育动员部署电视电话会，深入学习贯彻习近平总书记重要讲话和主题教育工作会议精神，认真落实党中央决策部署和要求，对全局全系统主题教育进行动员安排。中央第二十指导组组长姜大明出席并讲话。张务锋同志出席并作动员讲话，曾丽瑛同志主持会议，卢景波、黄炜、梁彦、宋红旭同志出席，驻委纪检监察组有关负责同志应邀出席会议。

6月5日，张务锋同志主持召开国家储备安全警示教育暨推进安全综合整治提升三年行动计划视频会议，梁彦同志出席。

6月14日，国家粮食和物资储备局与中储粮集团公司召开中央事权粮食政策执行和中央储备粮棉管理情况2018年度考核动员部署视频会议，正式启动年度考核工作。张务锋、卢景波同志出席，中储粮集团公司董事长邓亦武同志出席。

6月17至18日，张务锋同志出席第十五届粮食产销协作福建洽谈会并讲话，出席第六届世界闽商大会、第十七届中国·海峡项目成果交易会开幕式，并调研福建省粮食和物资储备改革发展情况，曾丽瑛同志一同参加。

6月19日至20日，全国加快推进粮食产业经济发展第三次现场经验交流会在河南召开。会议认真传达学习了习近平总书记在参加河南代表团审议时的重要讲话和李克强总理的重要批示精神，总结交流经验，对加快推进粮食产业高质量发展建设粮食产业强国做出部署。河南省副省长武国定出席会议并致辞，张务锋同志出席会议并讲话，卢景波、韩卫江同志出席会议。

6月20日，国家粮食和物资储备局与联合国世界粮食计划署（WFP）在河南省郑州市签署关于南南合作的谅解备忘录。张务锋、卢景波同志出席。

6月21日，国家粮食和物资储备局与河南省人民政府在郑州签署加快推动粮食产业高质量发展确保国家粮食安全战略合作协议。河南省委副书记、省长陈润儿，张务锋同志出席签约仪式并见证签约；卢景波同志与河南省人民政府副省长武国定代表双方签约；黄炜、韩卫江同志出席签约仪式。

6月21日，第二届中国粮食交易大会在郑州开幕。河南省委书记、省人大常委会主任王国生，河南省委副书记、省长陈润儿，张务锋同志出席开幕式，共同为交易大会启动开幕。

6月22日，国家粮食和物资储备局与河南省人民政府在郑州组织召开"河南粮食产业高质量发展专家论证会"，张务锋、卢景波、黄炜同志，河南省委副书记喻红秋、省政府副省长武国定出席论证会。

6月26日，国家粮食和物资储备局与内蒙古自治区人民政府在内蒙古呼和浩特共同举办"2019年全国食品安全宣传周·粮食质量安全宣传日"主会场活动，黄炜同志出席。

6月26日，国家粮食和物资储备局举办"不忘初心、牢记使命"主题教育专题报告会，邀请全国政协委员、中央党校（国家行政学院）马克思主义学院院长张占斌作"不忘初心、牢记使命——中国道路成功的内在逻辑"专题辅导报告。曾丽瑛同志主持报告会并作总结讲话，卢景波、韩卫江、梁彦同志参加报告会。

七月

7月3日至10日，卢景波同志率团出访乌克兰、土耳其。代表团访问乌克兰农业部和国家储备局，就两国粮食生产和流通、储备管理等情况进行沟通交流，与乌克兰农业部达成签署谅解备忘录初步意向。与土耳其农业和林业部、国家粮食委员会进行会谈，就两国粮食生产和流通情况进行交流，共同探讨两国粮食领域交流合作可行性和相关项目情况。

7月11日，国家粮食和物资储备局举行"不忘初心、牢记使命"主题教育专题党课报告会。张务锋同志以"认真贯彻落实习近平总书记重要论述，坚决扛稳国家粮食安全重任，加快建设粮食产业强国"为题，为全局全系统党员干部讲专题党课。中央主题教育第二十指导组副组长杨志今、驻委纪检监察组负责同志应邀出席指导。曾丽瑛同志主持报告会，卢景波、黄炜、韩卫江、梁彦同志参加。

7月12日上午，张务锋同志会见了湖北省委常委、常务副省长黄楚平一行，就深入贯彻习近平总书记视察湖北重要讲话精神，共同推进粮食产业高质量发展等工作进行了座谈会商。曾丽瑛、黄炜、韩卫江、梁彦同志参加座谈会。

7月17日至20日，张务锋同志带队赴陕西省开展调研，期间与陕西省委副书记、省长刘国中就加快粮食安全保障立法、推动粮食产业高质量发展、加强"一带一路"粮食国际合作等进行认真会商交流。黄炜同志参加调研。

7月24日，国家粮食和物资储备局召开"牢记初心使命，增强政治定力"青年理论学习小组主题研讨交流会，深入推进"不忘初心、牢记使命"主题教育，激励青年干部学深悟透、担当作为。张务锋同志出席，曾丽瑛同志主持并代表局党组讲话，黄炜、韩卫江、梁彦、宋红旭同志出席，局机关青年干部80余人参加。

7月30日，国家粮食和物资储备局召开"不忘初心、牢记使命"主题教育重点调研成果交流会。中央主题教育第二十指导组副组长杨志今带队出席会议并指导。张务锋同志主持会议，曾丽瑛、卢景波、黄炜、韩卫江、梁彦、宋红旭同志出席会议。驻国家发展和改革委员会纪检监察组有关负责同志出席，各司局单位主要负责同志列席。

八月

8月2日，全国粮食和物资储备系统半年工作视频会暨垂管局长座谈会在北京召开。主要任务是以习近平新时代中国特色社会主义思想为指导，研判形势，部署任务，聚焦国家储备核心职能，突出"深化改革、转型发展"年度主题，坚守安全稳定廉政"三条底线"，不断提高国家粮食安全和战略应急物资储备安全保障能力。张务锋同志出席会议并讲话，曾丽瑛、卢景波、黄炜、韩卫江、梁彦、宋红旭同志出席会议。

8月23日，张务锋同志主持召开局党组"不忘初心、牢记使命"专题民主生活会，曾丽瑛、卢景波、黄炜、韩卫江、梁彦同志出席会议。

8月28日，全国人大常委会委员、全国人大财经委委员、全国人大常委会预算工委副主任朱明春带队到国家粮食和物资储备局调研储备类国有资产管理情况。张务锋同志主持调研汇报会，卢景波、梁彦同志，财政部资产管理司有关负责同志出席。

8月29日，国家粮食和物资储备局召开"不忘初心、牢记使命"主题教育总结大会，深入学习贯彻习近平总书记重要指示讲话，认真总结国家粮食和物资储备局机关和全系统主题教育开展情况，安排部署深化整改落实、巩固拓展主题教育成果各项工作。中央第二十指导组副组长杨志今同志出席会议并讲话，张务锋同志作总结讲话，曾丽瑛同志主持会议，卢景波同志通报了国家粮食和物资储备局党组专题民主生活会情况，黄炜同志通报了专项整治进展成效，韩卫江、梁彦、宋红旭同志，驻国家发展和改革委员会纪检监察组有关负责同志出席。

九月

9 月 1 日至 11 日，张务锋同志率代表团访问非盟、埃及、埃塞俄比亚、南非。代表团先后访问埃及供应和内贸部、非盟总部、埃塞俄比亚农业部、WFP 南部非洲局；拜访了中国驻非盟使团、埃及、埃塞俄比亚、南非大使馆，并与使团团长、驻外大使广泛深入地交换意见；与非盟总部签署粮食领域合作的谅解备忘录。实地考察调研了 WFP 卢克索小农户发展示范项目、丰尚集团埃及基地等。

9 月 5 日，国家粮食和物资储备局第一届离退休干部运动会开幕，曾丽瑛同志出席开幕式并致辞。

9 月 9 日至 10 日，国家粮食和物资储备局召开第一轮巡视工作动员部署会，举办巡视干部专题培训班，深入学习贯彻习近平新时代中国特色社会主义思想，认真贯彻党中央关于巡视工作的决策部署，落实全国巡视工作会议和十九届中央第四轮巡视动员部署会精神。受张务锋同志委托，曾丽瑛同志出席开班式并作动员讲话。驻国家发展和改革委员会纪检监察组有关负责同志出

席，100 余名专业干部参加会议和培训。

9 月 17 日至 25 日，梁彦同志率团出访法国、墨西哥。代表团与法国粮食出口协会，墨西哥外交部、农业和农村发展部，以及国际能源署，就粮食流通、仓储管理、信息共享、能源储备等方面进行座谈交流。

9 月 20 日至 21 日，全国秋粮收购工作会议在湖南长沙召开，传达贯彻秋粮收购有关政策和文件精神，分析研判 2019 年秋粮生产、收购形势和价格走势，安排部署收购工作。卢景波同志出席并讲话。

9 月 23 日至 24 日，全国粮食和物资储备系统"牢记初心使命 推动改革发展"主题教育演讲比赛决赛暨知识竞赛颁奖仪式在北京举行。张务锋、曾丽瑛、韩卫江同志出席。

9 月 27 日，张务锋同志带队，到北京市调研国庆节粮油市场供应保障工作。张务锋到北京市通州万达永辉超市，详细了解各种品牌米面油的采购、销售和价格等情况，听取了北京市粮油市场供应情况汇报，并提出要求。卢景波同志和北京市政府有关负责同志一同调研。

9 月中旬至下旬，国家粮食和物资储备局各垂直管理局陆续完成挂牌工作。

9 月 29 日，国家粮食和物资储备局举行"迎国庆、升国旗、唱国歌"仪式，隆重庆祝中华人民共和国成立 70 周年。国家粮食和物资储备局领导班子成员和局机关全体党员干部、直属联系单位司级干部出席升旗仪式。

十月

10 月 10 日，"我和我的祖国"——首届全国粮食和物资储备系统干部职工书画展在北京

举办，张务锋、曾丽瑛、黄炜、梁彦同志参观书画展。

10月10日，阅兵联合指挥部后勤保障组向国家粮食和物资储备局赠送"聚力阅兵、共筑辉煌"锦旗。张务锋、梁彦同志出席。

10月12日，国家发展和改革委员会会同国家粮食和物资储备局等五部门共同发布了《关于公布2020年小麦最低收购价格的通知》（发改价格〔2019〕1617号），明确2020年生产的小麦（三等）最低收购价格为50公斤112元，保持2019年水平不变。

10月14日，国务院新闻办发表《中国的粮食安全》白皮书，并举行新闻发布会。继1996年《中国的粮食问题》后，中国政府发布第二部关于粮食安全问题的白皮书。白皮书突出强调了国家粮食安全是头等大事的战略定位，体现了以人民为中心的发展思想；集中展现了保障国家粮食安全的伟大成就，彰显了在中国共产党领导下依靠自身力量端好自身饭碗的战略自信；系统阐述了中国特色粮食安全之路，向国际社会贡献了保障粮食安全的中国方案；介绍了国际粮食合作的丰硕成果，展现积极维护世界粮食安全的大国担当；展望了未来粮食安全政策举措，为各方提供持续稳定的粮食安全发展预期。张务锋、黄炜同志出席新闻发布会。

10月16日，国家粮食和物资储备局与安徽省人民政府在合肥签署共同保障粮食和物资储备安全加快推动粮食产业高质量发展战略合作协议。安徽省委副书记、省长李国英，张务锋同志出席签约仪式并见证签约，黄炜同志与安徽省副省长张曙光代表双方签约，韩卫江、梁彦同志出席签约仪式；安徽省人民政府秘书长白金明主持签约仪式。

10月16日，国家粮食和物资储备局、农业农村部、教育部、科技部、全国妇联和联合国粮农组织在中国科学技术大学联合主办2019年世界粮食日和全国粮食安全宣传周主会场活动。张务锋同志讲话，安徽省人民政府副省长张曙光、农业农村部农业贸易促进中心主任张陆彪、联合国粮农组织驻华代表马文森分别致辞；中国科学技术大学党委常委、副校长王晓平，黄炜、韩卫江、梁彦同志，全国妇联、教育部、科技部有关负责同志，联合国世界粮食计划署中国办公室副国别主任玛哈·艾哈迈德出席活动。

10月16日，国家粮食和物资储备局在安徽合肥召开全国粮食和物资储备局长座谈会，传达关于改革完善体制机制加强粮食储备安全管理的若干意见精神，通报粮食安全保障立法、"十四五"规划编制有关工作进展情况，部署下一步具体任务。张务锋同志出席会议并讲话，黄炜、梁彦同志分别作了通报，韩卫江同志主持会议。

10月17日，全国粮食和物资储备信息化现场经验交流会在安徽合肥召开。会议深入学习贯彻习近平总书记关于信息化工作的重要指示精神，交流典型经验，对加快推进粮食和物资储备信息化建设做出安排部署。张务锋同志出席会议并讲话，黄炜、韩卫江同志参加会议，梁彦同志主持会议。

10月18日，国家粮食和物资储备局在安徽合肥召开《粮食安全保障法》起草座谈会，研究讨论《粮食安全保障法》起草有关问题。张务锋同志出席会议并讲话，黄炜同志主持会议。

10月22日，张务锋同志会见青海省委常

委、常务副省长李杰翔同志一行，就加快推进粮食流通体系和交易中心建设、科学核定粮食风险基金等工作进行会商座谈，黄炜、韩卫江、梁彦同志参加会见。

10 月 22 日，全国粮食和物资储备系统"2017~2018 年度全国青年文明号"授牌仪式在上海举行，曾丽瑛同志出席仪式并致辞。

10 月 24 日至 26 日，由国家粮食和物资储备局、中国就业培训技术指导中心、中国财贸轻纺烟草工会联合举办的 2019 年中国技能大赛·第五届全国粮食行业职业技能竞赛总决赛在山东烟台举办。张务锋、黄炜同志，山东省人民政府副省长于国安出席开幕式。

十一月

11 月 1 日，国家粮食和物资储备局召开党组会议，认真传达学习习近平总书记在党的十九届四中全会上的重要讲话、《中国共产党第十九届中央委员会第四次全体会议公报》和《中共中央关于坚持和完善中国特色社会主义制度 推进国家治理体系和治理能力现代化若干重大问题的决定》。张务锋同志主持会议，介绍全会情况，传达主要精神，并就对标对表全会精神，迅速在全系统兴起学习宣传和贯彻落实全会精神的热潮提出明确要求。曾丽瑛、卢景波、黄炜、梁彦同志出席会议。

11 月 1 日，全国粮食和物资储备期刊宣传工作座谈会在广东深圳召开。会议深入学习习近平总书记关于做好宣传思想、新闻舆论工作的重要论述精神，交流了机构改革以来粮食和物资储备期刊办刊经验，并就如何做好下一步期刊宣传工作进行了部署。韩卫江同志出席会议并讲话。

11 月 19 日至 22 日，张务锋同志先后赴贵州省、湖南省调研粮食和物资储备改革发展。湖南省委副书记、省长许达哲与张务锋一行举行会谈，湖南省副省长隋忠诚、贵州省副省长魏国楠分别参加相关活动。

11 月 19 日至 27 日，黄炜同志率团访问非盟和埃塞俄比亚、科特迪瓦，参加 WFP 举办的粮食产后减损及管理专题研讨会等活动。访问期间与非盟委员会就实施《谅解备忘录》进行了磋商，在项目建设、项目布局、项目运作等方面达成共识。

11 月 21 日，张务锋同志在湖南长沙主持召开粮食和物资储备改革发展调研座谈会，围绕认真学习贯彻党的十九届四中全会精神，深入落实习近平总书记关于国家粮食安全和战略应急物资储备安全的重要论述，就谋划 2020 年创新思路举措、巩固放大全国政策性粮食库存大清查和"两项考核"成果、科学编制粮食和物资储备领域"十四五"规划，听取意见建议，认真研究讨论，凝聚思想共识。

11 月 27 日，张务锋同志会见了青海省委副书记、省长刘宁一行，就贯彻落实习近平总书记视察青海时的重要批示精神，推进青海发挥特色资源优势，实现特色农副产品线上交易等工作进行了会商。青海省委常委、常务副省长李杰翔，曾丽瑛、卢景波、梁彦同志参加。

十二月

12 月 3 日，国家粮食和物资储备局与中国中化集团有限公司在北京签订共同落实国家粮食和能源安全战略推动粮食和物资储备事业高质量发展战略合作协议。张务锋同志，中化集团党组书记、董事长宁高宁代表双方签约并讲话。卢景波、黄炜、梁彦同志，中化集团党组成员、副总经理江正洪，总经理助理覃衡德，董事会秘书张宝红出席。

12 月 3 日，国家粮食和物资储备局在中储粮集团公司召开《粮食安全保障法》征求意见座谈会，听取有关企业对粮食安全保障立法工作的意见建议。黄炜同志主持会议并讲话。中储粮集团公司、中国国家铁路集团有限公司、中粮集团有限公司、中国中化集团有限公司、中国供销粮油有限公司、北京粮食集团有限责任公司、河北省粮食产业集团有限公司有关负责同志参加会议。

12 月 4 日，国家粮食和物资储备局召开对口支援江西省于都县工作座谈会。于都县县委主要负责同志介绍了于都县社会经济发展和对口支援工作进展情况。张务锋、梁彦同志出席。

12 月 8 日，国家粮食和物资储备局月坛北街 25 号院办公区综合改造项目启动暨合同签字仪式在北京举行，国家发展和改革委员会党组成员、副主任林念修，国家机关事务管理局党组成员、副局长赵峰涛，张务锋、曾丽瑛、卢景波、黄炜、韩卫江、梁彦同志出席。

12 月 18 日，国家粮食和物资储备局召开局党组会议，认真传达学习中央经济工作会议精神，研究部署贯彻落实的具体措施。

12 月 20 日，国家粮食和物资储备局召开垂管系统安全生产视频会议，认真贯彻落实习近平总书记关于安全生产的重要指示和李克强总理的重要批示精神，全面落实全国安全生产电视电话会议部署，分析形势，压实责任，部署岁末年初安全生产各项工作。张务锋同志出席会议并讲话，梁彦、宋红旭同志出席会议。

12 月 25 日，国家粮食和物资储备局召开局长办公会议，认真传达贯彻中央农村工作会议精神，研究部署贯彻落实的具体措施。

12 月 31 日，全国政策性粮食库存数量和质量大清查部际协调机制第三次会议在国家发展和改革委员会召开。会议通报了全国政策性粮食库存数量和质量大清查工作总体情况，研究审议了大清查总结报告等文件，对下一步重点工作做出部署。部际协调机制召集人，国家发展和改革委员会副主任张勇出席会议并讲话，张务锋同志主持会议。

撰稿单位：国家粮食和物资储备局办公室
撰稿人：智振华、谢莉佳
审稿人：方进

二　2019/2020 年度国际粮油市场回顾

根据联合国粮农组织 2020 年 4 月数据，预计 2019/2020 年度全球谷物产量 27.21 亿吨，同比增长 2.4%，超过了 2017/2018 年度 27.04 万吨的历史纪录。其中亚洲谷物产量 12.14 亿吨，同比增长 1.3%；北美洲产量 4.81 亿吨，同比下降 2.9%；南美洲 2.28 亿吨，同比增长

15.3%；欧洲 5.4 亿吨，同比增长 8.6%；非洲产量 1.88 亿吨，同比下降 4.6%。预计全球谷物消费量 27.22 亿吨，同比增长 1.2%，创历史新高。预计谷物贸易量 4.2 亿吨，同比增长 2.3%，为历史次高水平。预计全球谷物期末库存 8.61 亿吨，同比减少 1.0%，全球谷物库存消费比仍处于宽松区间。

（一）小麦

预计 2019/2020 年度全球小麦产量 7.63 亿吨，同比增加 3087 万吨，增幅 4.2%，仅略低于 2016/2017 年度 7.65 亿吨的历史记录，为历史次高水平。欧盟（欧盟 27 国和英国）小麦产量在上年度因灾减产基础上恢复，预计产量 1.56 亿吨，同比增长 13%；印度小麦生长期

天气状况良好，小麦产量 1.04 亿吨，同比增长 3.7%；俄罗斯小麦产量 7430 万吨，同比增长 3.1%；加拿大小麦产量 3230 万吨，同比增长 0.3%；乌克兰小麦产量 2830 万吨，同比增长 15%；澳大利亚因天气干旱，小麦单产明显下降，预计产量 1520 万吨，同比下降 12.1%；阿根廷小麦产量 1950 万吨，同比基本持平。预计 2019/2020 年度全球小麦消费量 7.61 亿吨，同比增加 930 万吨，增幅 1.2%，创历史新高。小麦价格与其他谷物相比，在饲料消费中的竞争力减弱，饲料配方中的小麦用量受到影响。预计小麦贸易量 1.74 亿吨，同比增加 544 万吨，增幅 3.2%。预计全球小麦期末库存 2.73 亿吨，同比增加 139 万吨，增幅 0.5%。欧盟和印度小麦库存增加，美国、俄罗斯和澳大利亚库存减少。

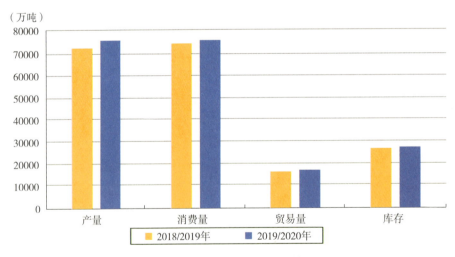

图 1　全球小麦供求及贸易情况

2019 年国际市场小麦价格总体呈先抑后扬走势。1~4 月国际市场小麦价格下降，当时欧盟和俄罗斯小麦产量前景逐渐明朗，主要出口国阿根廷、加拿大、欧盟、俄罗斯和乌克兰小麦供应量增加，全球小麦出口市场竞争激烈，美国小麦出口低迷，抑制价格走低。4~12 月小麦价格总体呈上涨态势。主要原因在于美国小麦生产、收获，以及冬季小麦播种期间产区

出现了不利天气。12月国际市场小麦贸易活跃，部分国家增加了小麦采购量，对价格形成有力支撑。

（二）玉米

预计2019/2020年度全球玉米产量11.41亿吨，同比增加2040万吨。其中，美国玉米产量下降，但南美和欧盟产量增加，尤其巴西和阿根廷产量增幅较大。全球粗粮产量14.45亿吨，同比增加3627万吨。预计全球玉米消费量11.53亿吨，同比增加1250万吨。由于玉米价格较低，用作饲料具有较强竞争力，部分国家饲料消费由小麦转向玉米，拉动玉米饲用消费增长。预计粗粮消费量14.47亿吨，同比增加1888万吨，饲用消费增加是粗粮消费增长的主要动力。预计玉米贸易量1.67亿吨，同比增加100万吨，创历史新高。阿根廷、巴西和乌克兰玉米出口量创历史纪录，而美国出口量下降。预计全球粗粮贸易量2.01亿吨，同比增加314万吨，创历史纪录，大麦贸易量显著增加。预计全球玉米期末库存3.42亿吨，同比减少1880万吨，减幅5.2%。

（万吨）

图2　全球玉米供求及贸易情况

2019年国际市场玉米价格总体呈先扬后抑走势。1~6月国际市场玉米价格上涨，主要原因是美国玉米主产区多雨，玉米播种严重耽搁，播种进度是有记录以来最慢。部分农户放弃种植玉米，市场预期玉米产量下降。7~12月国际价格下降，主要原因是南美玉米出口强劲，巴西全国谷物出口商协会预计，2019年全年巴西玉米出口量同比增长80%。美国玉米出口销售降幅较大，价格受到抑制。

（三）大米

预计2019/2020年度全球大米产量5.12亿吨，同比减少257万吨，是历史次高水平。印度大米产量增加，而泰国大米产量下降。预计2019/2020年度全球大米消费量5.13亿吨，同比增加536万吨，增幅0.9%，刷新历史纪录，其中大米口粮消费同比增长1.6%。预计全球大米贸易量4506万吨，同比增加96万吨，但低于2017/2018年度4846万吨的历史最高纪录。预计全球大米期末库存 1.83 亿吨，比上年　创纪录水平减少 46 万吨。

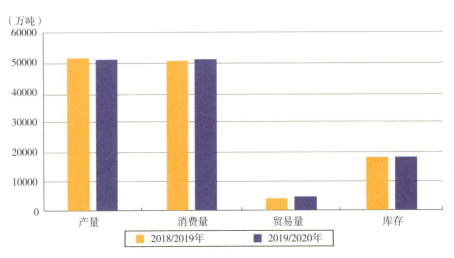

图 3　全球大米供求及贸易情况

2019 年泰国大米价格上涨，越南大米价格走低。泰铢升值超过 40%，是泰国大米出口价格上涨的主要原因，但由于大米价格较高，出口需求疲软。年初泰国大米出口商协会预计 2019 年出口量 950 万吨，低于 2018 年的 1100 万吨，2019 年泰国大米实际出口仅 758 万吨，创 6 年来新低。越南大米供应过剩，同时面临柬埔寨和缅甸大米的激烈竞争。菲律宾等传统进口国担心大量进口冲击国内生产，曾考虑采取限制进口措施保护本国稻农利益。越南年初预计 2019 年出口大米 600 万~700 万吨，高于 2018 年的 610 万吨，2019 年越南大米实际出口 640 万吨。

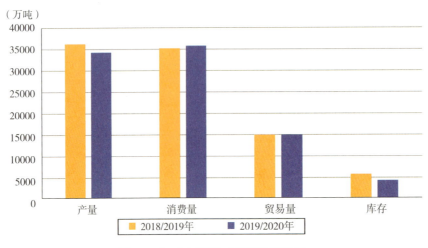

图 4　全球大豆供求及贸易情况

（四）大豆

预计 2019/2020 年度全球大豆产量 3.43 亿吨，同比减少 2140 万吨，减幅 5.9%。其中美国大豆产量下降幅度较大。预计全球大豆消费量 3.60 亿吨，同比增加 630 万吨，增幅 1.8%。大豆压榨量继续提高，主要原因：一是全球畜禽存栏量增加；二是燃料乙醇开工率下降，玉米酒糟供应量减少，豆粕需求相应增加。预计全球大豆贸易量 1.52 亿吨，同比增加 120 万吨。预计全球大豆期末库存 4290 万吨，同比减少

1550 万吨，减幅 26.5%。

2019 年国际市场大豆价格总体呈波动上涨走势。2019 年，美国销售至中国的大豆数量明显增加，是推动大豆价格上涨的主要动力。但由于南美大豆丰收，全球供应充足，对国际市场大豆价格形成抑制。

撰稿单位：国家粮油信息中心
撰稿人：李云峰
审稿人：周冠华、王晓辉、张立伟

三　联合国粮农组织（FAO）2020 年全球粮食形势展望

联合国粮农组织（FAO）于 2020 年 6 月发布了最新全球粮食展望报告。

FAO 预测，2020/2021 年度全球谷物供需形势仍然较宽松。2020 年全球谷物产量预计达到 27.8 亿吨（其中稻米以碾米计），较 2019 年增加近 7000 万吨，增幅 2.6%，创历史新高。

2020/2021 年度全球谷物消费量预计有望达到 27.32 亿吨，较上年度增加 4300 万吨，增幅 1.6%，创历史新高。预计 2020/2021 年度全球谷物饲用消费量较 2019/2020 年度大幅增长，食用消费和工业消费量也将有所增长。

2021 年全球谷物期末库存预计达到创纪录

的 9.27 亿吨，较已处于高位的期初库存增加 4400 万吨，增幅 5.0%。预计全球谷物库存消费比小幅增加，从 2019/2020 年度的 32.5% 增加至 2020/2021 年度的 32.9%，全球谷物供应形势总体宽松，而 2007/2008 年度全球谷物库存消费比仅为 21.2%。预计中国谷物库存达到至少 4.39 亿吨的新高，实现两连增，占全球总量的 47%。

2020/2021 年度全球谷物贸易量预计达到 4.33 亿吨的历史最高纪录，较上一年度增加 940 万吨，增幅 2.2%。预计所有主要谷物品种贸易量均有所增加。2020 年 5 月 FAO 谷物价格指数平均值为 162.2 点，较 4 月下跌 1.6 点（1.0%），与上年同期水平基本持平。

图 5　全球谷物生产、消费与库存情况

表 1　全球谷物供需概况

	2018/2019 年度	2019/2020 年度 估计值	2020/2021 年度 预测值	2020/2021 年度较 2019/2020 年度变化
	百万吨			%
全球情况				
生产	2648.7	2710.9	2780.5	2.6
贸易	410.4	423.7	433.0	2.2
总消费	2677.8	2689.4	2732.4	1.6
食用	1141.1	1154.0	1167.8	1.2
饲用	960.3	976.8	998.7	2.2
其他用途	576.4	558.6	565.9	1.3
期末库存	871.9	882.7	926.8	5.0
供需指标				
人均食用消费：				
全球（公斤/年）	149.6	149.6	149.8	0.1

续表

	2018/2019 年度	2019/2020 年度 估计值	2020/2021 年度 预测值	2020/2021 年度较 2019/2020 年度变化
低收入缺粮国家 （公斤／年）	151.8	152.2	153.3	0.7
全球库存消费比（%）	32.4	32.5	32.9	
主要出口国库存 消费比（%）	18.9	19.1	20.3	
FAO 谷物价格指数 （2002~2004=100）	2018 年	2019 年	2020 年 1~5 月	2020 年 1~5 月较 2019 年 1~5 月 变化（%）
	165	164	165	0.4

（一）小麦

FAO 预测，2020 年全球小麦产量将略低于上年度的较高水平。预计欧盟、乌克兰、美国小麦减产量将超过澳大利亚、加拿大、俄罗斯以及亚洲多国小麦增产量。尽管产量下降，但预计全球小麦库存将增加。在主要出口国供应趋紧情况下，预计 2020/2021 年度全球小麦贸易量仍将小幅增长，对国际小麦价格起到支撑作用，特别是在下半个市场年度。

2020/2021 年度全球小麦消费量预计将接近 2019/2020 年度估计值，食用小麦消费量的增长将基本抵消饲用及工业用途消费量的下降。预计小麦消费量将比近 10 年趋势水平低 1.2%，6年来首次低于趋势水平。预计饲用小麦消费量将下降，原因是粗粮（特别是玉米）供应充足，或将削弱小麦作为饲料口粮的价格竞争力。

全球小麦 2021 年期末库存预计将略高于已处于高位的期初水平，但仍低于 2017/2018 年度的历史记录。中国是全球小麦库存增长的主要动力，小麦产量较大，加之消费增速放缓，促使其小麦库存升至历史高位。预计美国小麦库存可能跌至 6 年来的低点，而其他主要小麦出口国期末库存接近期初水平。因此，预计 2020/2021 年度全球小麦库存消费比将小幅上升，但主要小麦出口国的库存消费比将降至 8 年来的低点。

表 2　全球小麦市场概况

	2018/2019 年度	2019/2020 年度 估计值	2020/2021 年度 预测值	2020/2021 年度较 2019/2020 年度变化
	百万吨			%
全球情况				
生产	732.1	762.2	758.3	−0.5

续表

	2018/2019 年度	2019/2020 年度估计值	2020/2021 年度预测值	2020/2021 年度较2019/2020 年度变化
贸易	168.2	175.1	177.5	1.4
总消费	751.1	757.5	754.3	−0.4
食用	514.9	521.1	525.4	0.8
饲用	142.0	142.5	138.7	−2.6
其他用途	94.2	93.9	90.2	−3.9
期末库存	271.9	276.2	280.3	1.5
供需指标				
人均食用消费：				
全球（公斤/年）	67.5	67.6	67.4	−0.2
低收入缺粮国家（公斤/年）	49.6	49.6	49.6	−0.1
全球库存消费比（%）	35.9	36.6	36.3	
主要出口国库存消费比（%）	18.1	16.1	15.7	
FAO 小麦价格指数（2002~2004=100）	2018 年	2019 年	2020 年 1~5 月	2020 年 1~5 月较 2019 年 1~5 月变化（%）
	148	143	148	0.9

1. 小麦生产

2020 年全球小麦产量预计将达到 7.583 亿吨，较上年略降 0.5%，仍为历史第四高位。预计欧盟、乌克兰、美国等国因不利天气导致的小麦减产量，将超过澳大利亚、加拿大、俄罗斯以及亚洲多国的小麦增产量。

2020 年欧洲小麦总产量预计将下降。播种期降雨过度导致种植面积下降，欧盟最大小麦生产国法国所受影响尤为明显。欧盟（欧盟 27 国，不包括英国）小麦总产量预计将降至 1.31 亿吨。由于价格刺激播种面积增加至历史新高，俄罗斯小麦产量预计将增加至 7700 万吨，

实现连续两年增长。乌克兰小麦产量预计将达到 2500 万吨，较上年减少 330 万吨。

在北美地区，低温和降雨不足等不利天气导致小麦单产下降，2020 年美国小麦产量预计降至 5080 万吨，同比下降 2.8%。价格因素刺激加拿大冬小麦种植面积扩大，小麦产量预计接近 3400 万吨，高于历史平均水平。

在亚洲地区，由于有利价格因素推动种植面积扩大，印度 2020 年小麦产量预计将达到 1.05 亿吨的历史高位。巴基斯坦气候条件良好，农业投入充足，预计小麦产量将超过 2600 万吨。中国小麦产量预计将小幅增长。

在近东地区，小麦生产前景乐观。该地区最大小麦生产国土耳其由于天气条件有利，小麦产量预计将增加至 2000 万吨，同比增长 5.3%。其他国家小麦产量预计与上年持平。北非地区，由于降雨减少及高温天气，预计摩洛哥小麦产量将降至 4 年低点，阿尔及利亚、突尼斯小麦产量预计较上年有所下降。

在南半球国家，正处于 2020 年小麦种植阶段。澳大利亚此前连续两年遭遇干旱导致小麦减产，由于近期降雨充沛，土壤水分充足，预计小麦种植面积增加，单产水平提高，小麦产量将强劲反弹到 2140 万吨，同比增长 41%。在南美洲，由于早期季节性降雨充沛，货币贬值导致出口需求强劲，预计阿根廷小麦种植面积将达到历史最高水平，2020 年小麦产量将达到创纪录的 2030 万吨。巴西小麦种植面积扩大，小麦产量预计小幅提升。

2. 小麦贸易

预计 2020/2021 年度世界小麦（包括小麦粉）贸易量将达到 1.775 亿吨的历史纪录，较上年度增加 1.4%（240 万吨），主要原因是欧洲及亚洲、北非的多个国家进口扩大。对小麦出口限制的担忧基本消退，FAO 对 2020/2021 年度小麦贸易作出初步预测。

在欧洲地区，预计 2020/2021 年度小麦进口总量将接近 900 万吨，较上年度增长 250 万吨（38%）。欧盟 27 国由于小麦产量下降，小麦进口量预计较上年度增加 100 万吨。英国小麦进口量（不计入欧盟，包括从欧盟的进口量）预计为 200 万吨。

在非洲地区，预计 2020/2021 年度小麦进口总量为 4950 万吨，与上年度估计值基本持平。摩洛哥、阿尔及利亚、突尼斯等国小麦减产预计将推高小麦进口量。预计摩洛哥小麦进口量增幅最大，可能达到创纪录的 550 万吨，比上年度增加 50 万吨。世界最大小麦进口国埃及预计将进口 1300 万吨小麦，与上年度水平相当。尼日利亚是非洲人口最多的国家，也是非洲大陆第三大小麦进口国（仅次于埃及和摩洛哥），其小麦进口量可能达到 480 万吨，接近上年度预估值。然而，由于油价暴跌，该国货币急剧贬值，外汇储备不断下降，对该国维持进口能力构成重大挑战。由于国内适于种植小麦的土地有限，加之人口快速增长，对面粉产品需求旺盛，尽管政府努力提高国内生产并抑制进口，尼日利亚小麦进口量仍然较大。

在亚洲地区，预计 2020/2021 年度小麦进口量将达到 8930 万吨，略低于上年度水平。阿富汗、中国、伊朗将增加小麦进口，土耳其、伊拉克、菲律宾等国将减少小麦进口。由于小麦具有重要战略意义，伊朗计划增加小麦储备，尽管国内小麦生产预期乐观，预计小麦进口量将增加至 200 万吨。土耳其小麦进口量将降至 750 万吨，较上年度的异常高位减少 200 万吨，主要原因是 2020 年国内生产预期反弹，国内价格更趋稳定。由于国内饲用小麦供应充足，价格更具竞争力，菲律宾、韩国饲用小麦进口量预计减少。亚洲最大小麦进口国印度尼西亚对高品质小麦需求持续旺盛，小麦进口量将保持在 1100 万吨左右。

在拉丁美洲和加勒比地区，预计 2020/2021 年度小麦进口总量将达到 2450 万吨，略高于上年度。该地区主要小麦进口国巴西尽管国内生产前景乐观，但由于需求旺盛，预计小麦进口量将达到 730 万吨，较上年度小幅增长。该地区第二大小麦进口国墨西哥对高品质小麦需求持续增长且国内小麦预期减产，小麦进口量预计也将小幅上升，达到 530 万吨。

出口方面，一些小麦出口国实施贸易限制政策，增加了 2019/2020 下半年度全球小麦市场的不确定性，但随着这些措施逐步解除，2020/2021 年度小麦出口前景乐观。基于以上背景，预计俄罗斯将重新成为全球最大小麦出口国，其小麦出口量将达到 3300 万吨，较 2019/2020 年度增加 50 万吨，但仍比 2017/2018 年度的历史最高记录低 19%。澳大利亚小麦产量预计将强势反弹，带动澳大利亚小麦出口量增加至 1400 万吨，增幅 69%。加拿大小麦产量反弹也将推动其小麦出口量在 2020/2021 年度最多或将增至 2500 万吨，增幅 16.3%。乌克兰及欧盟 27 国小麦出口将大幅下降，美国小麦出口也将小幅减少。其他主要小麦出口国，哈萨克斯坦小麦产量强势回升，小麦出口量预计将达到 750 万吨，较上年度增长 100 万吨（15.4%）。阿根廷国内小麦供应充足，预计 2020/2021 年度小麦出口量将达到 2017/2018 年度创纪录的 1370 万吨。

3. 小麦消费

预计 2020/2021 年度全球小麦消费总量约为 7.54 亿吨，较上年度略降 0.4%，比近 10 年趋势水平低 1.2%，为 6 年来首次低于趋势水平。食用小麦消费量的增长将不足以抵消饲用小麦及工业用途小麦消费量的下降。食用小麦消费量预计将达到约 5.25 亿吨的历史新高，较上年度增长 0.8%，占预期小麦消费总量的近 70%。预计全球人均小麦消费量为 67.4 公斤 / 年，略低于上年度的 67.6 公斤 / 年，发展中国家人均小麦消费量维持在 62.4 公斤 / 年，发达国家人均消费量略降至 92.7 公斤 / 年。亚洲、非洲、中美洲食用小麦消费总量预计将分别增长 1.1%、1.6%、1.7%。

预计 2020/2021 年度全球饲用小麦消费量将下降 2.6%（370 万吨），降至 1.387 亿吨。由于粗粮（特别是玉米）供应充足，饲用小麦将失去作为饲料口粮的价格竞争力，北美、欧盟饲用小麦消费量下降可能最为明显。由于经济活动持续放缓，能源价格偏低，预计工业用小麦消费至少在 2020/2021 年度上半年将保持不变，欧盟乙醇需求预计下降，淀粉产品需求缓慢增长。

4. 小麦库存

全球小麦 2021 年期末库存预计将达到 2.8 亿吨，比已经高企的期初库存还高 1.4%，增长 400 万吨，但比 2017/2018 年度的纪录水平低 800 万吨。2020/2021 年度全球小麦库存消费比预计将达到 36.3%，与 2019/2020 年度基本持平，远高于 2008/2009 年度 23.3% 的历史低点，但低于 2000/2001 年度接近 40% 的峰值。主要小麦出口国库存消费比（包含国内消费与出口）预计可能会从上年度的 16.1% 降至 15.7% 的 8 年低点。这一数值被视为评估全球小麦供应前景的重要指标，不包括中国，因为中国不是主要小麦出口国。

尽管 2020/2021 年度全球小麦库存预计将显著增长，但主要出口国库存消费比将由 16.1% 降至 15.7%，表明全球小麦市场较上年度供需趋紧。美国小麦生产下降，导致期末库存预计将降至 2400 万吨的近 6 年低点，其他主要小麦出口国期末库存或将接近其期初水平。由于生产增加，国内需求放缓，预计中国小麦库存或将创下 1.375 亿吨的历史记录，比期初水平增长近 1100 万吨（8.5%），成为全球小麦库存增长的主要动力。

5. 小麦价格

在交易活跃以及天气风险可能影响 2020/2021 年度小麦种植等因素的作用下，国际小麦价格今年开局强劲。受到一些主要小麦出口国销售速度加快、阿根廷小麦供应趋紧、法国物流不畅以及美国软红小麦库存大幅减少等因素的影响，这一趋势进一步延续。另外，由于其他市场（包括股票和能源市场）的溢出效应，再加上美元走强，2020 年前几个月小麦出口价格没有出现明显上涨。然而，黑海地区小麦主产国实施出口限制措施，虽然是暂时的，仍维持了小麦价格上涨势头。此外，一些小麦进口大国的一系列大规模采购，加上多个重要产区持续干旱，在最近几周支撑了价格。总体来看，国际小麦价格远高于上年同期水平。2020 年 5 月国际谷物理事会小麦指数为 191.5 点，比上年同期高出 14 点。该指数是一项衡量十个主要小麦出口报价的贸易加权价格指标。

2020 年 5 月基准美国墨西哥湾 2 号硬红冬麦离岸平均价格为 223 美元 / 吨，比年初水平低约 8%，但比 2019 年 5 月高 5%。小麦期货价格走低，但近期对欧盟、俄罗斯小麦生产预期的大幅调低推高了小麦期货价格。总体而言，流动性最强的小麦期货合约——将于 2020 年 9 月交割的芝加哥软红冬麦 5 月平均价格为

188.3 美元 / 吨，仍较年初下跌逾 10%，但较上年同期上涨 10%。

（二）粗粮

2020 年粗粮需求大幅下降，全球粗粮消费量将恢复增长势头，但仍将连续第二个年度低于全球产量，导致库存水平上升，国际价格面临下行压力。

2020 年全球粗粮产量预计达到创纪录的 15.13 亿吨，较 2019 年增加 6500 万吨（4.5%），增长基本来自玉米增产。预计全球玉米产量达到历史最高水平，美国、加拿大和乌克兰玉米产量将创历史新高，阿根廷和巴西玉米产量将接近历史最高水平。由于俄罗斯大麦减产，预计全球大麦产量将下降。

2020/2021 年度全球粗粮消费量预计增加 2.7%，主要原因是饲用消费量的增加，同时，以玉米为原料的燃料乙醇生产有望回升，淀粉生产需求上涨，将带来粗粮工业消费量的回升。全球粗粮消费量增长将主要来自中国、美国、巴西和阿根廷增加的玉米饲用和工业消费量。然而，由于粗粮消费量连续第 2 年低于产量，预计全球粗粮库存增加近 10%，大部分增长来自美国玉米库存的增加。预计全球粗粮库存消费比将达到近 21 年以来的最高水平。

由于库存充足，较其他粮食品种，特别是小麦具备价格优势，预计 2020/2021 年度全球粗粮贸易量高于 2019/2020 年度。主要原因是中国将增加玉米和高粱进口，沙特阿拉伯和伊朗将大幅增加大麦进口。预计美国将增加玉米和高粱出口，澳大利亚将增加大麦出口。

表 3　全球粗粮供需概况

	2018/2019 年度	2019/2020 年度估计值	2020/2021 年度预测值	2020/2021 年度较 2019/2020 年度变化
	百万吨			%
全球情况				
生产	1410.3	1448.1	1513.5	4.5
贸易	198.1	203.7	207.9	2.1
总消费	1426.8	1 429.8	1468.0	2.7
食用	218.1	219.5	222.4	1.3
饲用	801.1	818.0	843.7	3.1
其他用途	407.5	392.3	401.9	2.4
期末库存	415.4	423.1	464.6	9.8
供需指标				
人均食用消费：				
全球（公斤/年）	28.6	28.5	28.5	0.3
低收入缺粮国家（公斤/年）	38.0	37.7	38.0	0.8
全球库存消费比（%）	29.1	28.8	30.5	
主要出口国库存消费比（%）	16.1	15.9	20.1	
FAO 粗粮价格指数（2002~2004=100）	2018 年	2019 年	2020 年 1~5 月	2020 年 1~5 月较 2019 年 1~5 月变化（%）
	156	161	150	−5.1

1. 粗粮生产

FAO 预测，2020 年全球粗粮产量将达到创纪录的 15.13 亿吨，较上年大幅增加 6500万吨（4.5%）。主要原因是玉米产量预期增加，远远抵消了大麦产量可能出现的下降。预计 2020 年全球玉米产量达到 12.07 亿吨的历史最高水平，比 2019 年的前一个峰值高出 5.6%（6450 万吨）。主要原因是预计美国玉米产量将创纪录，南美和南部非洲玉米生产前景乐观。

在美国，2020 年玉米产量将达到 4.063 亿吨的新高峰，比 2019 年增长 17%（5920 万吨）。主要原因是播种面积预计增加 8%，3 月官方预测播种面积为 3930 万公顷，为 2012 年以来的最高水平。在加拿大，预计 2020 年产量将适度增加，单产提升抵消了播种面积减少的影响，良好的价格前景限制了种植面积的进一步缩减。

在欧洲地区，预计 2020 年欧盟玉米产量将为7100万吨，与上年基本持平，高于5年平均水平。俄罗斯玉米产量预计保持不变并高于平均水平。在乌克兰，预计2020年玉米产量将增加3%，达到3700万吨，创下历史新高。塞尔维亚由于单产回归平均水平，玉米产量可能将从2019年的高点下降16%，达到620万吨。

在亚洲地区，中国政府实施了几项政策以维持玉米种植面积。因此，预计中国2020年玉米产量为2.61亿吨，与上年基本持平。在印度，继2019年创纪录的产量之后，预计2020年玉米产量将小幅下降至2800万吨。

在南美洲地区，2020年玉米收获已经开始，预计产量继续增长。在阿根廷，在强劲的出口需求，较高的国内价格，和货币走软等因素作用下，2020年玉米种植面积有所增加。同时，有利的天气条件提振了单产前景，预计玉米产量将达到高于平均水平的5550万吨，不过仍略低于2019年的纪录。在巴西，玉米产量预计与上年1亿吨的纪录持平。在巴拉圭，天气原因造成单产下降，预计玉米产量将同比小幅下降。

在非洲地区，预计南非2020年玉米产量将达到1610万吨，创历史次高纪录，原因是价格上涨导致播种面积扩大，有利降雨提高单产水平。由于气候条件普遍有利，2020年马拉维和赞比亚玉米产量将有所增加，而降雨不足导致津巴布韦玉米产量将连续第二年低于平均水平。在西非和东非，2020年玉米播种正在进行，蝗虫灾害广泛蔓延将对玉米生产带来风险。

2020年全球大麦产量预计将达到1.522亿吨，较2019年的历史最高产量减少近400万吨（2.4%）。主要原因是由于价格下跌导致种植面积减少，加拿大和俄罗斯大麦将减产。

2020年全球高粱产量预计将达到5700万吨，与上年基本持平，低于平均水平。印度、墨西哥和苏丹高粱产量反弹，弥补了澳大利亚受干旱影响导致的高粱大幅减产。

2. 粗粮消费

2019/2020年度，受经济衰退影响，全球粗粮消费量大幅下降。预计2020/2021年度全球粗粮消费量将反弹至14.68亿吨的新高，同比增加3820万吨（2.7%），主要原因是玉米消费量增加。由于乙醇消费需求缩减，加之饲料需求减少，2019/2020年度全球玉米消费量出现20多年来的首次下降。预计2020/2021年度全球玉米消费量将回升至11.69亿吨，同比增长3300万吨（2.9%）。预计2020/2021年度全球大麦和高粱消费量分别增加至1.497亿吨和5700万吨。

2020/2021年度全球粗粮工业消费量预计将强劲反弹，主要原因是在经历了2019/2020年度暴跌5%之后，全球玉米工业消费量在2020/2021年度将大幅增加，大部分增长需求将来自美国。在美国，因采取限制驾驶措施导致美国对乙醇和燃料的需求几乎减半。虽然预计从2020年年中开始，美国重新开放经济活动并放宽流动限制将有助于乙醇需求恢复势头，但这仅能部分恢复玉米工业消费需求。然而，美国环境保护署最近提出将在2021年提高国家生物燃料掺混率，如果该提议实施，将有助于玉米工业消费量增加。在中国，在玉米淀粉生产促进措施推动下，玉米工业需求有望在2020/2021年度实现完全复苏。预计 2020/2021 年度全球大麦工业消费量将较 2019/2020 年度增加 70 万吨（1.8%），欧盟和俄罗斯将增加大麦工业消费量。

2020/2021 年度全球粗粮饲用消费量预计将增至 8.44 亿吨，同比增加近 2600 万吨（3.1%），增幅主要来自玉米。预计 2020/2021 年度全球玉米饲用消费量将增加约 2200 万吨（3.3%）至 6.85 亿吨。2020/2021 年度中国玉米饲用消费量将增加 500 万吨（3.1%）。由于生猪存栏量大幅减少，中国玉米饲用消费量已经连续两个年度下降。2020/2021 年度美国玉米饲料消费量将大幅增长近 900 万吨（6.1%），2020 年初，美国关闭了多家屠宰场，导致肉类生产暂时放缓。预计 2020/2021 年度全球大麦饲料消费量将略高于 1 亿吨，同比增长 170 万吨，增长主要来自欧盟地区。预计 2020/2021 年度全球高粱饲料消费量将略高于 2100 万吨，同比增长 260 万吨，最主要的原因是中国高粱饲料消费量增加。

2020/2021 年度全球粗粮食用消费量预计将同比增长约 300 万吨（1.3%），达到 2.22 亿吨以上，增长主要来自亚洲，抵消了非洲粗粮食用消费量可能出现的减少。玉米食用消费量占粗粮食用消费总量份额最大，预计 2020/2021 年度全球玉米食用消费量将几乎停滞，中美洲地区玉米食用消费量将小幅增加，非洲地区将略降，其他地区人均消费预期稳定。预计 2020/2021 年度全球高粱食用消费量将连续第二个年度略降，非洲高粱食用消费量可能出现下降。

3. 粗粮库存

2020/2021 年度全球粗粮库存预计将强劲

增长，2021 年全球粗粮期末库存将攀升至 4.64 亿吨以上，较期初增加 4100 万吨（9.8%）。预计全球粗粮库存消费比将从 2019/2020 年度的 28.8% 提高到 2020/2021 年度的 30.5%，达到 1999/2000 年度以来的最高水平。全球主要粗粮出口国期末库存消费比预计从 2019/2020 年度的 15.9% 增加到 2020/2021 年度的 20.1%，从贸易角度来看，全球粗粮供应量将大幅增加。

全球粗粮库存增加的主要原因是预计 2020/2021 年度全球玉米库存将大幅增加至少 3400 万吨（9.5%）至 3.97 亿吨，增长主要来自美国。目前预计美国玉米库存量达到 8600 万吨，同比增加 3100 万吨，占 2020/2021 年度全球玉米库存增长量的 90%。巴西和阿根廷由于玉米产量接近创纪录水平，出口量减少，库存量将增加。预计中国玉米库存将减少，原因是国内畜牧业有望逐步恢复，玉米工业和饲用需求均将有所增加。预计 2020/2021 年度全球大麦库存将同比增长 220 万吨（6.6%），全球高粱库存将同比略降 20 万吨（2.4%）。

4. 粗粮贸易

FAO 对 2020/2021 年度（7 月/6 月）全球粗粮贸易量的首次预测为近 2.08 亿吨，较 2019/2020 年度增加 420 万吨（2.0%），预计包括玉米、大麦和高粱在内的所有主要粗粮品种出口量都将增加。

2020/2021 年度（7 月/6 月）全球玉米贸易量将达到 1.7 亿吨，连续第二年度出现增长放缓，较 2019/2020 年度增加 200 万吨（1.2%），主要原因是饲料需求上升。在国内玉米价格相对较高的情况下，预计中国 2020/2021 年度玉米进口量可能增加 300 万吨，达到 700 万吨。美国 2020 年玉米产量预期将创纪录，国内供应充足，价格低廉，预计 2020/2021 年度美国玉米出口量将增加 1100 万吨（25.6%），这将弥补阿根廷和巴西玉米出口量的减少。

2020/2021 年（7 月 /6 月）全球大麦贸易量预计达到 2730 万吨，较 2019/2020 年度增加 100 万吨（3.9%），主要是因为欧盟增加 80 万吨大麦进口量。预计沙特阿拉伯、伊朗、摩洛哥和突尼斯将增加进口，而土耳其和中国的进口将显著减少。出口方面，预计澳大利亚 2020/2021 年度大麦出口量将高于 2019/2020 年度。预计欧盟仍是 2020/2021 年度全球大麦最大出口地区，俄罗斯将增加其在全球大麦市场的出口份额。

2020/2021 年度（7 月 /6 月）全球高粱贸易预计将实现两连增，达到 680 万吨，较 2019/2020 年度增加 130 万吨。主要原因是自 2020 年 3 月起，中国对美国高粱实施 1 年进口关税豁免，美国将加大对中国的高粱出口。

5. 粗粮价格

国际主要粗粮品种价格仍面临下行压力。2019/2020 年度（7 月 /6 月）国际粗粮期初价格达到 5 年来新高，期末价格有可能跌至 15 年来的最低水平。

在美国，因限制出行措施，燃料和乙醇产量骤然减半，导致油价暴跌至负值，美国玉米价格也随之跌至 2006 年以来的最低水平。多家屠宰场关闭，对玉米饲用消费产生的不确定性也加剧了玉米价格的下跌。2020 年 5 月，基准美国 2 号黄玉米离岸价为 144.1 美元 / 吨，较上年同期下降 16.3%，比近 5 年同期平均价

格低 17.2%。在南美，受供应量充足和货币不断贬值影响，玉米价格在整个 2019/2020 年度保持相对较低水平，但在 2020 年初，玉米价格进一步暴跌。5 月，阿根廷上游河谷和巴西巴拉那瓜港玉米离岸价格分别比上年同期水平低了近 12% 和 7%。

国际大麦价格也普遍低于上年，但美国墨西哥湾 2 号黄高粱离岸价格较其 2019 年 5 月水平高 7.5%。巨大的供应前景令期货价格承受下行压力。将于 2020 年 12 月交割的芝加哥期货交易所玉米期货 5 月平均价格为 131.4 美元 / 吨，较上年水平下降近 16%。

（三）稻米

FAO 预测，2020 年全球稻米产量将有所回升，推动稻米消费和结转库存达到历史第三高点。2020 年稻米贸易增长将受经济和价格因素制约，预计更强劲的贸易增长将出现在 2021 年。

2019 年厄尔尼诺影响下的天气模式对稻米产量造成了不利影响，2020 年种植条件趋于正常，全球稻米产量预计比上年增加 1.6%，达到 5.087 亿吨。主要增长将来自亚洲，美国稻米产量也有望强劲复苏。但由于种植利润偏低和灌溉用水缺乏等因素，全球其他地区稻米产量难以出现大幅增长。

非洲进口停滞和亚洲需求衰退或将导致 2020 年稻米贸易增长量止步于 80 万吨，总贸易量达到 4490 万吨。初步预测，全球稻米贸易在 2021 年将出现较大幅度的增长。主要原因是更充足的供应和更低的价格将重振非洲稻米需求，并维持除亚洲外全球其他地区稻米进

口量的增长。

FAO 预测，2020/2021 年度全球稻米消费量将增长 1.6%，达到 5.1 亿吨的历史新高，超过 2020/2021 年度稻米产量的预测值。因此，全球稻米期末库存将下降 0.8%。由于中国稻米库存居高不下，主要稻米出口国结转库存持续增长，2020/2021 年度全球稻米期末库存预计维持在 1.82 亿吨左右（历史第三高位）。

国际稻米价格自 2020 年初以来稳步攀升，5 月 FAO 稻米价格指数比 2019 年 12 月的水平上升了 12.7%，主要原因是籼稻价格上涨。

表 4　全球稻米供需概况

	2018/2019 年度	2019/2020 年度估计值	2020/2021 年度预测值	2020/2021 年度较2019/2020 年度变化
	百万吨（以碾米计）			%
全球情况				
生产	506.3	500.6	508.7	1.6
贸易	44.1	44.9	47.6	6.2
总消费	499.9	502.0	510.0	1.6
食用	408.2	413.3	420.0	1.6
期末库存	184.6	183.4	182.0	−0.8
供需指标				
人均食用消费：				
全球（公斤／年）	53.5	53.6	53.9	0.6
低收入缺粮国家（公斤／年）	64.2	64.9	65.7	1.3
全球库存消费比（%）	36.8	36.0	35.3	
主要出口国库存消费比（%）	22.6	25.1	25.1	
FAO 谷物价格指数（2002~2004）=100	2018 年	2019 年	2020 年 1~5 月	2020 年 1~5 月较 2019 年1~5 月变化（%）
	224	224	237	6.6

1. 稻米生产

FAO 预测，由于天气条件欠佳、种植利润偏低，2020 年南半球稻米产量难以出现较大增长。

本季稻米增产主要寄希望于占全球稻米产量 90% 的北半球。2020 年北半球的气候将趋于正常，稻米种植不会像 2019 年一样受到厄尔尼诺气候的较大影响。各国政府也出台了一系列措施，减少稻谷种植的不利影响。综合以上因素，FAO 预测 2020 年全球稻米产量将比 2019 年提高 1.6%，达到 5.087 亿吨，创下历史新高。

亚洲国家稻米产量预计达到 4.567 亿吨，比 2019 年上升 1.3%。增产主要来自老挝、缅甸、巴基斯坦和泰国。柬埔寨、韩国、日本和斯里兰卡也将迎来稻米增产。2020 年印度稻米产量将创历史新高。2020 年 2 月，中国 6 年以来首次提高了籼稻最低收购价，旨在鼓励双季种植，稳定粮食生产。此举预计将提振早籼稻和中晚籼稻的产量，2020 年中国有望出现三年来的首次稻谷增产。

非洲稻米产量预计提高 3.2%，达到 2480 万吨。截至 2020 年 6 月，非洲南部和东部地区的稻谷收割已经完成。雨水较 2019 年更为充沛是增产的主要原因。在西非，除几内亚、利比里亚、塞拉利昂等少数国家在 3~4 月开始稻谷种植外，大部分国家的稻谷种植开始于 6 月。种植季推迟，农业生产活动受一定因素影响，西非 2020 年稻米增产前景黯淡。

拉丁美洲及加勒比地区的稻米产量在 2019 年跌至 9 年来的最低点。2020 年，该地区稻米产量预计增长 2.4%，达到 1790 万吨。尽管高成本影响了本季南美稻谷种植面积，且降雨过多导致种植推迟，但由于气候适宜、阳光充足，阿根廷、巴西、巴拉圭等国稻米有望实现增产。

2020 年，澳大利亚稻米产量有可能比 2019 年的低点（4.06 万吨）进一步下降 11.3%，原因是灌溉用水短缺和水价高企导致种植面积和单产下降。欧洲地区稻米产量与上年基本持平。由于种植利润上升，气候条件良好，预计 2020 年美国稻米产量将增长 17%，达到 690 万吨。

2. 稻米贸易

FAO 预测，2020 年度（1 月至 12 月）全球稻米贸易量将达到 4490 万吨，较 2019 年的低点增加 80 万吨。2020 年以来，国际稻米贸易进展乏力，首要原因是亚洲和非洲的需求下降，其次是国际市场稻米价格上涨，以及边境检验检疫对物流效率的制约。油价下行等对经济的影响将导致 2020 年第三季度稻米进口放缓。受到关闭边境、加强监控、防控传染风险等措施的影响，大湄公河次区域、西非和东非次区域等跨国交易活跃地区的贸易前景不容乐观。

进口方面，2020 年度，科特迪瓦、马来西亚、菲律宾、韩国、沙特阿拉伯、塞内加尔、土耳其、阿联酋等亚非国家或将增加稻米进口；印度尼西亚有可能迎来最大进口增幅。原因是在连续减产等因素影响下，政府需要通过进口来充实稻米储备。由于国内丰产，中国、埃及、加纳、伊朗、伊拉克和越南等国将减少稻米进口。

出口方面，2020 年印度稻米出口预计达到 1080 万吨，比上年增长 10.5%。中国预计出口稻米 320 万吨，有望与美国争夺全球第 5 大稻米出口国的位置。大幅减产影响下，2020 年美国稻米出口将难以出现大幅增长。巴基斯坦、乌拉圭稻米出口增长也将十分有限。泰国 2020 年稻米出口预计跌至 7 年来的最低点（700 万吨）。澳大利亚、巴西、缅甸的稻米出口也将有所下降。柬埔寨、越南及时取消了年初颁布的稻米出口禁令，预测其官方出口数据将保持增长。但由于中国和老挝进口需求下降，以及更加严格的边境管控，柬埔寨和越南稻米的非官方跨境交易量有可能出现下降。2020年越南稻米总出口量预计低于2019年的720万吨，2020年柬埔寨稻米总出口量预计达到150万吨。

尽管目前面临种种不确定性，FAO初步预测，2021年全球稻米贸易量将比2020年上升6.2%，达到4760万吨，主要原因是供应量充足将拉低价格、刺激需求。2021年，非洲稻米进口总量有望出现4年来的首次增长，除亚洲以外的其他地区的进口量预计也将增长。

3. 稻米消费

2020/2021年度全球稻米消费预计增长1.6%，达到创纪录的5.1亿吨。主要增长来自食用消费，预计同比增长1.6%，达到4.2亿吨。全球人均稻米食用消费将达到53.9公斤，同比增长0.6%。亚洲继续保持稻米食用消费增长的主动力。除人口增长因素外，一些国家实施政府援助项目向弱势群体供应大米也是消费增长的主要原因。2020/2021年度非洲稻米消费也将显著上升，原因是稻谷增产和进口增加。稻米非食用消费量预计比2019/2020年度增长1.5%，达到9000万吨，主要原因是产后损失占稻米增产量的比重进一步加大。

4. 稻米库存

2020/2021市场年度，全球稻米期末库存预计下降0.8%，达到1.82亿吨。全球稻米结转库存将达到历史第三高点，足以维持4个月的消费量。2019/2020年度全球稻米库存消费比是36%。2020/2021年度，这一数字将维持

在35.3%的高位。

根据FAO预测，库存相对充裕的主要因素是中国稻米储备将连续5年继续保持在1亿吨以上。政府出台措施释放国家储备、减少库存压力，预计将使稻米库存下降2.3%，达到1.008亿吨。除此之外，全球其他地区的稻米库存有望连续三季增长，达到8120万吨左右。主要原因是5大稻米出口国（印度、巴基斯坦、泰国、美国、越南）的库存总量预计将达到4600万吨，增长4.2%。其中泰国的库存增量最大，同比增加16.8%，预计稻米库存将达到660万吨。美国稻米库存有望增长37%，达到130万吨。政府收购方案使得印度稻米库存达到历史最高的3430万吨。巴西、韩国、日本、菲律宾、沙特阿拉伯、塞拉利昂、斯里兰卡、阿联酋等国均预测将迎来更高的期末库存。由于本季稻米增产无望，加之进口数量有限，孟加拉国、印度尼西亚、尼日利亚等国将连续第二年动用库存稻米来满足国内消费需求。

5. 稻米价格

2020年1月到5月，FAO稻米价格指数上升了12.7%，5月价格指数达到249.8点。主要涨幅来自交易量最大的籼稻，同期价格上涨18%到21%。出口国竞争以及近东地区需求下降使粳稻和香米的同期价格涨幅维持在5%~9%。对于泰国和美国等主要出口国气候条件的担忧在年初推升了籼稻价格。3月，多个出口国实施隔离措施，刺激稻米需求上升；越南等出口国宣布暂停稻米出口；物流"瓶颈"导致印度出口显著放缓。种种因素造成市场对稻米供应的担忧，推动籼稻价格继续上涨。5月，上述稻米出口禁令被取消或放宽，使泰国

籼稻报价大幅下降；印度、巴基斯坦、越南籼稻报价不会出现类似的大幅下跌，原因是上述等国的籼稻价格之前就大大低于泰国籼稻价格，加之菲律宾和马来西亚的买家对价格起到了一定的支撑作用。

（四）油籽和油料

据 FAO 预测，由于产量明显下降，2019/2020 年度油籽及其衍生产品供需状况仍将趋紧。据初步预测，2020/2021 年度油籽及其衍生产品供需也仍将趋紧。

2019/2020 年度全球油料作物产量预计将低于上年度的创纪录水平，其中大豆、油菜籽产量大幅下降，降幅远超过其他品种产量的增幅。在美国，不利天气条件导致大豆种植面积和单产明显下降。欧盟和加拿大播种面积进一步收缩导致全球油菜籽减产。

尽管全球油料作物特别是大豆收成不佳，导致全球饼粕供应量下降，但预计全球饼粕消费量仍将继续增长。由于多国采取临时封锁措施，预计全球饼粕消费增速将低于平均水平。全球饼粕期末库存或将降至多年来的低点，库存消费比显著下降。

全球油脂预计将减产，棕榈油和葵花籽油产量有望出现的小幅增长，不足以抵消其他油脂产量的下降。由于全球油脂产不足需，预计全球油脂库存减少，导致全球油脂库存消费比进一步下降。

根据初步预测，2020/2021 年度全球饼粕和油脂产量将有所恢复。如果全球油脂消费增速恢复，全球饼粕消费继续适度增长，预计全球油脂库存可能会进一步下降，而饼粕库存可能得到适度补充。全球油料市场前景仍将受诸多不确定性因素影响，如中美第一阶段经贸协议的执行情况以及各国生物柴油政策可能发生的变化。

表5 全球油料作物及产品供需概况

	2017/2018 年度	2018/2019 年度估计值	2019/2020 年度预测值	2019/2020 年度较 2018/2019 年度变化
		百万吨		%
油料作物总量				
生产	593.1	612.3	584.3	−4.6
油脂				
生产	236.3	241.0	235.4	−2.3
供给	273.4	281.3	274.3	−2.5
消费	229.5	242.2	240.9	−0.6
贸易	126.3	132.0	131.1	−0.7
全球库存消费比（%）	17.6	16.1	14.1	
主要出口国库存消耗比（%）	12.0	12.4	10.8	

续表

	2017/2018 年度	2018/2019 年度估计值	2019/2020 年度预测值	2019/2020 年度较 2018/2019 年度变化
饼粕				
生产	153.1	158.7	149.2	−6.0
供给	184.1	189.0	181.9	−3.8
消费	151.5	153.9	155.3	0.9
贸易	98.1	98.7	100.0	1.2
全球库存消费比（%）	20.0	21.2	17.6	
主要出口国库存消耗比（%）	12.4	15.4	11.9	
FAO 价格指数（1 月~12 月）（2002~2004=100）	2018 年	2019 年	2020 年 1~5 月	2020 年 1~5 月较 2019 年 1~5 月变化（%）
油籽	150	143	144	1.5
饼粕	184	156	167	6.3
植物油	144	135	147	13.1

1. 油料油脂生产

2019/2020 年度全球油籽产量预计达到 5.843 亿吨，低于 2018/2019 年度历史最高产量，大豆、油菜籽减产，葵花籽、花生增产。原因是几个主要生产国遭遇不利天气条件，单产下降，收获面积减少。

全球大豆产量预计达到 3.379 亿吨，明显低于上年度的历史最高水平。在北半球，除中国以外的所有大豆主产国都将减产，中国实施的支持性政策鼓励大豆种植面积持续扩大。预计美国大豆产量为 9680 万吨，是近 6 年来最低水平，主要原因是播种期天气过度潮湿造成播种面积减少，同时不利的生长条件导致单产下降。降雨不及时造成印度大豆单产下降。由于播种面积减少、单产回归平均水平，加拿大和乌克兰大豆预计减产。在南半球，由于种植面积扩大抵消了单产水平下降带来的影响，预计巴西大豆产量有望创历史新高，而阿根廷由于种植面积与单产双降导致大豆减产。

全球油菜籽产量预计将连续第二个年度下降，降至 6920 万吨。主要由于欧盟和加拿大部分地区单产回升不足以抵消种植面积持续缩减带来的影响。另外，中国和乌克兰由于种植面积和单产均有提升，预计产量持续增加。澳大利亚产量略有回升。

全球葵花籽产量有望达到创纪录的 5670 万吨。主要原因是有利的天气条件推动单产达到新高，预计乌克兰、俄罗斯产量持续增长。在欧盟，由于生长期天气过于干燥导致生产力下降，几乎抵消了收获面积的增加，产量预计保持在上年的接近历史最高水平。中国和阿根廷由于种植面积减少，预计产量小幅下降。

全球花生产量预计达到 4240 万吨的历史新高，主要由于印度单产提高抵消了种植面积下降带来的影响，产量全面恢复。中国作为世界最大花生生产国，产量预计继续增长。美国花生产量预计与上年度持平。

基于对上述油料作物产量的预测，预计 2019/2020 年度全球油脂产量将同比小幅降至 2.354 亿吨，较 2018/2019 年度的创纪录水平下降 2.3%。分品种看，大豆油和菜籽油产量大幅下降，椰子油、棉籽油、橄榄油及鱼油产量小幅下降，降幅超过了棕榈油、葵花籽油和花生油的增产幅度。预计全球棕榈油产量仅小幅增长，原因是 2019 年下半年东南亚主产区持续干旱，生产商减少化肥用量。在印度尼西亚和马来西亚这两大世界棕榈油生产国，为遏制疫情传播，数家大型棕榈种植园被迫暂时关停，影响了收割活动，印度尼西亚棕榈油生产增速放缓，马来西亚产量同比下降。大豆油方面，预计美国、阿根廷产量大幅下降。

全球油脂供应量（包含 2018/2019 年度结转库存）预计同比下降 2.5% 左右。由于产量下降，中国、欧盟、马来西亚、美国等油脂生产国国内供应量减少。由于产量增幅超过期初库存的降幅，巴西和印度尼西亚供给量将略增。

全球饼粕产量在连续三年增长后，预计 2019/2020 年度将大幅下降至 3.489 亿吨（以产品重量表示），同比下降约 6%。主要原因是美国大豆大幅减产，导致豆粕产量下降。然而，由于结转库存量较大，全球饼粕供应量预计仅减少 3.7%。由于产量下降，美国、阿根廷、欧盟、加拿大和印度的国内供应量将减少。中

国由于期初库存较低，国内供应量也将下降。受产量增长和期初大量结转库存支撑，预计乌克兰和俄罗斯国内供应量将增加。在巴西，多年低水平期初库存将限制国内供应量增长。

FAO 预测，由于国际油籽价格有所上涨，总种植面积可能会适度增长，假设生长条件正常，2020/2021 年度全球油籽产量可能将反弹，创下历史新高。预计 2020/2021 年度全球饼粕和油脂产量将同比大幅增长。全球油脂消费增速将恢复，而饼粕消费预计将继续小幅增长。全球油脂消费量可能再次超过产量，引发库存的进一步下降，而饼粕库存可能会得到适度补充。目前，上述预测仍面临诸多不确定因素的影响。不确定因素包括中美第一阶段贸易协议的实施情况，以及有关国家实施生物柴油强制掺混政策。

2. 油料油脂消费

2019/2020 年度全球油脂消费预计将停滞不前，略低于 2018/2019 年度的历史纪录。预计菜籽油、棕榈油和大豆油消费量下降幅度将超过葵花籽油、棕榈仁油、花生油消费量的适度增长。目前仍不确定疫情将对油脂需求产生怎样的全面影响，不排除可能产生比目前预期更明显、更持久的影响。亚洲发展中国家的油脂消费预计与上年度持平，印度尼西亚消费量小幅增长，抵消了中国、印度和马来西亚消费量的同比下降。在其他地区，预计巴西消费增速放缓，欧盟、美国消费量下降。

经济下滑影响导致油脂食用和其他传统用途的消费需求下降，同时，生物燃料行业的油脂消费需求也将大幅下降。一方面，世界各国实施临时封锁措施，抑制了对所有类型燃料的

需求；另一方面，原油价格暴跌导致价格比较优势缩小，减弱了掺混意愿，降低了对油脂作为燃料原料的需求。在欧盟，预计生物柴油需求下降将抑制对当地生产的菜籽油，以及自阿根廷进口的大豆油基生物柴油的消费。此外，由于生物柴油竞争力下降，马来西亚政府近期决定暂停实施提高棕榈油基生物柴油掺混率的政策，印度尼西亚生物柴油掺混实际水平也可能受到影响。

受全球供应量下降等因素影响，预计2019/2020年度全球饼粕消费增长将进一步放缓。美国和巴西饼粕消费增速将低于平均水平，欧盟和阿根廷预计饼粕消费将出现小幅下降。在美国，数家肉类加工厂被迫暂时关停，导致饲料需求减少。中国正在重振生猪产业，饼粕消费有望回升。饲料利润增加可能会促使人们转向蛋白质含量更高的饲料口粮，进一步刺激中国对饼粕的消费需求。

3. 油料油脂库存

全球油脂产量略低于消费量，2019/2020年度全球油脂期末库存（包括库存油籽中的油）预计将降至3400万吨，为7年来的最低点。大宗商品方面，预计大豆油、棕榈油、菜籽油库存将同比下降，而葵花籽油由于产量增加，库存有望创下新高。在主要库存国家中，预计美国、中国、欧盟以及阿根廷、加拿大和马来西亚的库存将有所下降，印度尼西亚由于产量持续增长、出口前景低迷，库存略有增加。基于以上预测，预计2019/2020年度全球油脂库存消费比可能降至多年来的低点，而主要出口国库存消费比将保持在近年来的范围内。

由于预计全球饼粕产不足需，2019/2020年

度全球饼粕期末库存（包括库存油籽中的油粕）预计将大幅降至约6200万吨，为2013/2014年度以来的最低水平。豆粕是世界上最主要的蛋白粕，其库存将下降，油菜籽粕、葵花籽粕和其他油粕库存也将下降。预计美国饼粕库存降幅最明显，原因是大豆大幅减产，消费坚挺，预计美国将释放1/3的库存。阿根廷、巴西、加拿大和欧盟也将动用库存。受大豆进口反弹和豆粕产量不断上升的支撑，中国库存将得到补充。基于上述预测，全球饼粕库存消费比与主要出口国库存消费比均将同比下降，导致本年度上半年国际饼粕价格上涨。

4. 油料油脂贸易

国际油脂贸易量在过去几十年里保持稳步增长，2019/2020年度全球油脂贸易量预计将略降至1.311亿吨（包括贸易油籽中的油）。由于棕榈油与其他油脂价差收窄，主要进口国需求疲软，预计棕榈油贸易量可能下降。而大豆油、葵花籽油贸易量预计将升至新高。由于全球需求减弱，特别是生物柴油生产商需求下降，预计全球菜籽油贸易量与上年基本持平。因此，棕榈油市场份额将略有下降，但仍将保持其在国际油脂贸易中的领先地位。

进口方面，欧盟、印度分别为全球第二、第三大油脂进口国，由于需求低迷，预计将减少进口。中国作为全球第一大油脂进口国，在大豆采购反弹的支撑下，预计2019/2020年度将增加进口。

出口方面，预计印度尼西亚、马来西亚和阿根廷的出口降幅将超过巴西、美国以及乌克兰、俄罗斯的出口增长。由于国际进口需求不断下降，印度尼西亚、马来西亚棕榈油出口量

预计将低于上年度的最高纪录。由于国内供应量减少，预计阿根廷出口量将下降。另外，相比棕榈油，大豆油价格竞争优势提升，国际市场大豆油进口需求增加，促使巴西、美国大豆油出口增加。由于葵花籽油具备价格竞争优势，且国内供应充足，预计乌克兰、俄罗斯葵花籽油出口量将增至创纪录水平。

预计 2019/2020 年度全球饼粕（包括贸易油籽中的饼粕）贸易将继续低速增长。大豆粕和油菜籽粕的贸易量较上年度有所回升，但增速仍低于近年来水平。在全球供应充足和进口需求强劲的支撑下，预计葵花籽粕贸易量将出现大幅增长。进口方面，中国作为世界上最大的饼粕进口国和消费国，正在重建生猪库存，并可能转向高蛋白动物饲料配方，饼粕进口量有望强劲反弹。饼粕需求低迷，预计欧盟、泰国、越南和其他一些东南亚国家饼粕进口将与上年持平或有所下降。出口方面，在货币大幅贬值的推动下，预计 2019/2020 年度巴西饼粕出口量将攀升至历史最高水平，进一步巩固了巴西作为世界主要饼粕出口国的地位。由于大豆产量减少，预计美国和阿根廷饼粕出口量将减少。在全球进口需求强劲的情况下，由于国内葵花籽供应充足，乌克兰和俄罗斯饼粕出口量将再创新高。

5. 油料油脂价格

国际油籽及衍生产品价格在 2018/2019 年度（10 月 /9 月）仍处于延续多年低点状态，2019/2020 年度上半年呈企稳态势。然而，自 2020 年 2 月以来，市场存在相当大的不确定性，促使价格明显回落。尽管如此，2020 年 5 月 FAO 油籽及油粕价格指数分别比上年同期

上涨了 3.8% 和 3.6%，而植物油价格指数涨幅仅为 0.5%。

南美及欧盟部分地区的不利天气状况支撑了国际油籽价格，尤其是大豆和油菜籽价格。2020 年市场环境动荡，世界各国实施临时封锁措施，给全球需求前景蒙上阴影，加之中国未来购买美国大豆存在不确定性，以及南美预期产量增加，导致国际油籽价格，特别是大豆价格下跌。然而，FAO 油粕价格指数持续走强，原因是由物流不畅导致阿根廷供应趋紧，中国正在努力重振生猪产业，预计饲料需求增加。2020 年 4 月全球豆粕价格明显下降，原因是一些肉类加工厂被迫关闭，美国饲用需求减弱。

植物油价格方面，国际报价在 2020 年 1 月前大幅上涨，主要反映出棕榈油价格更为坚挺。供给方面，2019 年印度尼西亚和马来西亚等棕榈油主产区减少化肥施用量，干旱天气持续给全球棕榈油生产前景蒙上阴影。需求方面，印度尼西亚从 2020 年 1 月开始提高生物柴油掺混率，同时全球进口需求旺盛。然而，植物油报价自 2020 年 2 月起开始大幅下跌。封锁措施导致全球食用和非食用需求减少，同时，原油价格暴跌也影响了植物油价格。价格比较优势缩小减弱了在柴油中掺混植物油的意愿，同时影响了马来西亚、印度尼西亚实施提高生物柴油掺混率政策。

撰稿单位：国家粮食和物资储备局外事司
撰稿人：胡瑶庆、张怡、李奕昕
审稿人：曹颖君
外事司编译自 FAO 2020 年 6 月 *Food Outlook*

四 粮食行业统计资料

1. 全国主要粮食及油料播种面积 (1978~2019 年)

2. 全国主要粮食及油料产量 (1978~2019 年)

3. 全国主要粮食及油料单位面积产量 (1978~2019 年)

4. 各地区粮食播种面积（2018~2019 年）

5. 各地区粮食总产量（2018~2019 年）

6. 各地区粮食单位面积产量（2018~2019 年）

7. 2019 年各地区粮食及油料播种面积和产量（一）

7. 2019 年各地区粮食及油料播种面积和产量（二）

7. 2019 年各地区粮食及油料播种面积和产量（三）

8. 2019 年各地区粮油产量及人均占有量排序

9. 2019 年各地区人均粮食占有量

10. 2019 年各地区人均农产品占有量

11. 2019 年分地区粮食产业主要经济指标情况

12. 2019 年分地区粮食产业生产能力汇总

13. 粮食成本收益变化情况（1991~2019 年）

14. 国有粮食企业主要粮食品种收购量（2005~2019 年）

15. 国有粮食企业主要粮食品种销售量（2005~2019 年）

16. 全国粮油进口情况（2001~2019 年）

17. 全国粮油出口情况（2001~2019 年）

18. 国民经济与社会发展总量指标（1978~2019 年）（一）

18. 国民经济与社会发展总量指标（1978~2019 年）（二）

1. 全国主要粮食及油料播种面积（1978~2019 年）

单位：千公顷

年份	粮食	稻谷	小麦	玉米	大豆	油料
1978	120587	34421	29183	19961	7144	6222
1979	119263	33873	29357	20133	7247	7051
1980	117234	33878	28844	20087	7226	7928
1981	114958	33295	28307	19425	8024	9134
1982	113462	33071	27955	18543	8419	9343
1983	114047	33136	29050	18824	7567	8390
1984	112884	33178	29576	18537	7286	8678
1985	108845	32070	29218	17694	7718	11800
1986	110933	32266	29616	19124	8295	11415
1987	111268	32193	28798	20212	8445	11181
1988	110123	31987	28785	19692	8120	10619
1989	112205	32700	29841	20353	8057	10504
1990	113466	33064	30753	21401	7560	10900
1991	112314	32590	30948	21574	7041	11530
1992	110560	32090	30496	21044	7221	11489
1993	110509	30355	30235	20694	9454	11142
1994	109544	30171	28981	21152	9222	12081
1995	110060	30744	28860	22776	8127	13102
1996	112548	31407	29611	24498	7471	12555
1997	112912	31765	30057	23775	8346	12381
1998	113787	31214	29774	25239	8500	12919
1999	113161	31283	28855	25904	7962	13906
2000	108463	29962	26653	23056	9307	15400
2001	106080	28812	24664	24282	9482	14631
2002	103891	28202	23908	24634	8720	14766
2003	99410	26508	21997	24068	9313	14990
2004	101606	28379	21626	25446	9589	14431
2005	104278	28847	22793	26358	9591	14318
2006	104958	28938	23613	28463	9304	11738
2007	105999	28973	23762	30024	8801	12344
2008	107545	29350	23704	30981	9225	13232
2009	110255	29793	24425	32948	9339	13445
2010	111695	30097	24442	34977	8700	13695
2011	112980	30338	24507	36767	8103	13471
2012	114368	30476	24551	39109	7405	13435
2013	115908	30710	24440	41299	7050	13438
2014	117455	30765	24443	42997	7098	13395
2015	118963	30784	24567	44968	6827	13314
2016	119230	30746	24666	44178	7599	13191
2017	117989	30747	24478	42399	8245	13223
2018	117038	30189	24266	42130	8413	12872
2019	116064	29694	23728	41284	9332	12925

注：2007~2017 年粮食及油料数据根据 2016 年第三次农业普查情况做了相应衔接修订。

数据来源：国家统计局统计资料。

2. 全国主要粮食及油料产量（1978~2019 年）

单位：万吨

年份	粮食	稻谷	小麦	玉米	大豆	油料
1978	30476.5	13693.0	5384.0	5594.5	756.5	521.8
1979	33211.5	14375.0	6273.0	6003.5	746.0	643.5
1980	32055.5	13990.5	5520.5	6260.0	794.0	769.1
1981	32502.0	14395.5	5964.0	5920.5	932.5	1020.5
1982	35450.0	16159.5	6847.0	6056.0	903.0	1181.7
1983	38727.5	16886.5	8139.0	6820.5	976.0	1055.0
1984	40730.5	17825.5	8781.5	7341.0	969.5	1191.0
1985	37910.8	16856.9	8580.5	6382.6	1050.0	1578.4
1986	39151.2	17222.4	9004.0	7085.6	1161.4	1473.8
1987	40473.1	17441.6	8776.8	7982.2	1218.4	1527.8
1988	39408.1	16910.7	8543.2	7735.1	1164.5	1320.3
1989	40754.9	18013.0	9080.7	7892.8	1022.7	1295.2
1990	44624.3	18933.1	9822.9	9681.9	1100.0	1613.2
1991	43529.3	18381.3	9595.3	9877.3	971.3	1638.3
1992	44265.8	18622.2	10158.7	9538.3	1030.4	1641.2
1993	45648.8	17751.4	10639.0	10270.4	1530.7	1803.9
1994	44510.1	17593.3	9929.7	9927.5	1599.9	1989.6
1995	46661.8	18522.6	10220.7	11198.6	1350.2	2250.3
1996	50453.5	19510.3	11056.9	12747.1	1322.4	2210.6
1997	49417.1	20073.5	12328.9	10430.9	1473.2	2157.4
1998	51229.5	19871.3	10972.6	13295.4	1515.2	2313.9
1999	50838.6	19848.7	11388.0	12808.6	1424.5	2601.2
2000	46217.5	18790.8	9963.6	10600.0	1540.9	2954.8
2001	45263.7	17758.0	9387.3	11408.8	1540.6	2864.9
2002	45705.8	17453.9	9029.0	12130.8	1650.5	2897.2
2003	43069.5	16065.6	8648.8	11583.0	1539.3	2811.0
2004	46946.9	17908.8	9195.2	13028.7	1740.1	3065.9
2005	48402.2	18058.8	9744.5	13936.5	1634.8	3077.1
2006	49804.2	18171.8	10846.6	15160.3	1508.2	2640.3
2007	50413.9	18638.1	10949.2	15512.3	1279.3	2787.0
2008	53434.3	19261.2	11290.1	17212.0	1570.9	3036.8
2009	53940.9	19619.7	11579.6	17325.9	1522.4	3139.4
2010	55911.3	19722.6	11609.3	19075.2	1541.0	3156.8
2011	58849.3	20288.3	11857.0	21131.6	1487.8	3212.5
2012	61222.6	20653.2	12247.5	22955.9	1343.6	3285.6
2013	63048.2	20628.6	12363.9	24845.3	1240.7	3348.0
2014	63964.8	20960.9	12823.5	24976.4	1268.6	3371.9
2015	66060.3	21214.2	13255.5	26499.2	1236.7	3390.5
2016	66043.5	21109.4	13318.8	26361.3	1359.5	3400.0
2017	66160.7	21267.6	13424.1	25907.1	1528.2	3475.2
2018	65789.2	21212.9	13144.0	25717.4	1596.7	3433.4
2019	66384.3	20961.4	13359.6	26077.9	1809.2	3493.0

注：2007~2017 年粮食及油料数据根据 2016 年第三次农业普查情况做了相应衔接修订。

数据来源：国家统计局统计资料。

3. 全国主要粮食及油料单位面积产量（1978~2019 年）

单位：公斤 / 公顷

年份	粮食	稻谷	小麦	玉米	大豆	油料
1978	2527.3	3978.1	1844.9	2802.7	1059.0	838.6
1979	2784.7	4243.8	2136.8	2981.9	1029.4	912.7
1980	2734.3	4129.6	1913.9	3116.4	1098.8	970.0
1981	2827.3	4323.7	2106.9	3047.9	1162.2	1117.2
1982	3124.4	4886.3	2449.3	3265.9	1072.6	1264.8
1983	3395.7	5096.1	2801.7	3623.3	1289.8	1257.4
1984	3608.2	5372.6	2969.1	3960.3	1330.6	1372.5
1985	3483.0	5256.3	2936.7	3607.2	1360.5	1337.7
1986	3529.3	5337.6	3040.2	3705.1	1400.2	1291.1
1987	3637.5	5417.9	3047.7	3949.3	1442.8	1366.5
1988	3578.6	5286.7	2968.0	3928.1	1434.1	1243.3
1989	3632.2	5508.5	3043.0	3877.9	1269.3	1233.1
1990	3932.8	5726.1	3194.1	4523.9	1455.1	1479.9
1991	3875.7	5640.2	3100.5	4578.3	1379.5	1421.0
1992	4003.8	5803.1	3331.2	4532.7	1427.0	1428.4
1993	4130.8	5847.9	3518.8	4963.0	1619.1	1619.0
1994	4063.2	5831.1	3426.3	4693.4	1734.9	1646.9
1995	4239.7	6024.8	3541.5	4916.9	1661.4	1717.6
1996	4482.8	6212.1	3734.1	5203.3	1770.2	1760.7
1997	4376.6	6319.4	4101.9	4387.3	1765.1	1742.5
1998	4502.2	6366.2	3685.3	5267.8	1782.5	1791.0
1999	4492.6	6344.8	3946.6	4944.7	1789.2	1870.5
2000	4261.2	6271.6	3738.2	4597.5	1655.7	1918.7
2001	4266.9	6163.3	3806.1	4698.4	1624.8	1958.1
2002	4399.4	6189.0	3776.5	4924.5	1892.9	1962.0
2003	4332.5	6060.7	3931.8	4812.6	1652.9	1875.2
2004	4620.5	6310.6	4251.9	5120.2	1814.8	2124.6
2005	4641.6	6260.2	4275.3	5287.3	1704.5	2149.2
2006	4745.2	6279.6	4593.4	5326.3	1620.9	2249.3
2007	4756.1	6433.0	4607.9	5166.7	1453.7	2257.8
2008	4968.6	6562.5	4763.0	5555.7	1702.8	2294.9
2009	4892.4	6585.3	4740.8	5258.5	1630.2	2335.1
2010	5005.7	6553.0	4749.7	5453.7	1771.2	2305.0
2011	5208.8	6687.3	4838.2	5747.5	1836.3	2384.7
2012	5353.1	6776.9	4988.6	5869.7	1814.4	2445.6
2013	5439.5	6717.3	5059.0	6015.9	1759.9	2491.5
2014	5445.9	6813.2	5246.4	5808.9	1787.3	2517.4
2015	5553.0	6891.3	5395.7	5892.9	1811.4	2546.5
2016	5539.2	6865.8	5399.7	5967.1	1789.2	2577.5
2017	5607.4	6916.9	5484.1	6110.3	1853.6	2628.1
2018	5621.2	7026.6	5416.6	6104.3	1898.0	2667.2
2019	5719.7	7059.2	5630.4	6316.7	1938.7	2702.4

注：2007~2017 年粮食及油料数据根据 2016 年第三次农业普查情况做了相应衔接修订。

数据来源：国家统计局统计资料。

4. 各地区粮食播种面积（2018~2019 年）

单位：千公顷

地区	2018 年	2019 年	2019 年比 2018 年增加	
			绝对数	%
全国总计	117038.2	116063.6	-974.6	-0.8
东部地区	25201.6	24899.8	-301.8	-1.2
中部地区	34675.7	34037.8	-637.9	-1.8
西部地区	33862.7	33654.2	-208.4	-0.6
东北地区	23298.3	23471.8	173.5	0.7
北　京	55.6	46.5	-9.1	-16.4
天　津	350.2	339.3	-10.9	-3.1
河　北	6538.7	6469.2	-69.5	-1.1
山　西	3137.1	3126.2	-10.9	-0.3
内蒙古	6789.9	6827.5	37.6	0.6
辽　宁	3484.0	3488.7	4.7	0.1
吉　林	5599.7	5644.9	45.2	0.8
黑龙江	14214.5	14338.1	123.6	0.9
上　海	129.9	117.4	-12.5	-9.6
江　苏	5475.9	5381.5	-94.5	-1.7
浙　江	975.7	977.4	1.7	0.2
安　徽	7316.3	7287.0	-29.3	-0.4
福　建	833.5	822.4	-11.1	-1.3
江　西	3721.3	3665.1	-56.2	-1.5
山　东	8404.8	8312.8	-92.0	-1.1
河　南	10906.1	10734.5	-171.5	-1.6
湖　北	4847.0	4608.6	-238.4	-4.9
湖　南	4747.9	4616.4	-131.5	-2.8
广　东	2151.0	2160.6	9.6	0.4
广　西	2802.1	2747.0	-55.1	-2.0
海　南	286.1	272.6	-13.5	-4.7
重　庆	2017.8	1999.3	-18.6	-0.9
四　川	6265.6	6279.3	13.8	0.2
贵　州	2740.2	2709.4	-30.8	-1.1
云　南	4174.6	4165.8	-8.8	-0.2
西　藏	184.7	184.8	0.1	0.0
陕　西	3006.0	2998.9	-7.1	-0.2
甘　肃	2645.3	2581.1	-64.1	-2.4
青　海	281.3	280.2	-1.1	-0.4
宁　夏	735.7	677.4	-58.3	-7.9
新　疆	2219.6	2203.6	-16.0	-0.7

注：东部地区包括：北京、天津、河北、上海、江苏、浙江、福建、山东、广东、海南 10 省市；中部地区包括：山西、安徽、江西、河南、湖北、湖南 6 省；西部地区包括：重庆、四川、贵州、云南、西藏、陕西、甘肃、青海、宁夏、新疆、内蒙古、广西 12 省区市；东北地区包括：辽宁、吉林、黑龙江 3 省。

数据来源：国家统计局统计资料。

5.各地区粮食总产量（2018~2019 年）

单位：万吨

地区	2018 年	2019 年	2019 年比 2018 年增加	
			绝对数	%
全国总计	65789.2	66384.3	595.1	0.9
东部地区	15466.6	15622.2	155.6	1.0
中部地区	20089.6	19968.4	−121.2	−0.6
西部地区	16901.0	16982.9	81.8	0.5
东北地区	13332.0	13810.9	478.9	3.6
北 京	34.1	28.8	−5.4	−15.8
天 津	209.7	223.3	13.6	6.5
河 北	3700.9	3739.2	38.4	1.0
山 西	1380.4	1361.8	−18.6	−1.3
内 蒙 古	3553.3	3652.5	99.3	2.8
辽 宁	2192.4	2430.0	237.5	10.8
吉 林	3632.7	3877.9	245.2	6.7
黑 龙 江	7506.8	7503.0	−3.8	−0.1
上 海	103.7	95.9	−7.8	−7.6
江 苏	3660.3	3706.2	45.9	1.3
浙 江	599.1	592.1	−7.0	−1.2
安 徽	4007.3	4054.0	46.8	1.2
福 建	498.6	493.9	−4.7	−0.9
江 西	2190.7	2157.5	−33.2	−1.5
山 东	5319.5	5357.0	37.5	0.7
河 南	6648.9	6695.4	46.5	0.7
湖 北	2839.5	2725.0	−114.5	−4.0
湖 南	3022.9	2974.8	−48.1	−1.6
广 东	1193.5	1240.8	47.3	4.0
广 西	1372.8	1332.0	−40.8	−3.0
海 南	147.1	145.0	−2.2	−1.5
重 庆	1079.3	1075.2	−4.2	−0.4
四 川	3493.7	3498.5	4.8	0.1
贵 州	1059.7	1051.2	−8.5	−0.8
云 南	1860.5	1870.0	9.5	0.5
西 藏	104.4	103.9	−0.5	−0.5
陕 西	1226.0	1231.1	5.1	0.4
甘 肃	1151.4	1162.6	11.2	1.0
青 海	103.1	105.5	2.5	2.4
宁 夏	392.6	373.2	−19.4	−4.9
新 疆	1504.2	1527.1	22.8	1.5

注：东部地区包括：北京、天津、河北、上海、江苏、浙江、福建、山东、广东、海南 10 省市；中部地区包括：山西、安徽、江西、河南、湖北、湖南 6 省；西部地区包括：重庆、四川、贵州、云南、西藏、陕西、甘肃、青海、宁夏、新疆、内蒙古、广西 12 省区市；东北地区包括：辽宁、吉林、黑龙江 3 省。

数据来源：国家统计局统计资料。

6. 各地区粮食单位面积产量（2018~2019 年）

单位：公斤 / 公顷

地区	2018 年	2019 年	2019 年比 2018 年增加	
			绝对数	%
全国总计	5621.2	5719.7	98.5	1.8
东部地区	6137.1	6274.0	136.9	2.2
中部地区	5793.6	5866.5	73.0	1.3
西部地区	4991.1	5046.3	55.2	1.1
东北地区	5722.3	5884.0	161.7	2.8
北　京	6136.7	6183.1	46.4	0.8
天　津	5987.6	6580.4	592.8	9.9
河　北	5660.0	5780.1	120.1	2.1
山　西	4400.3	4356.1	−44.1	−1.0
内 蒙 古	5233.2	5349.8	116.5	2.2
辽　宁	6292.8	6965.2	672.3	10.7
吉　林	6487.4	6869.8	382.4	5.9
黑 龙 江	5281.1	5232.9	−48.2	−0.9
上　海	7988.0	8170.4	182.4	2.3
江　苏	6684.3	6887.0	202.6	3.0
浙　江	6140.4	6058.2	−82.2	−1.3
安　徽	5477.1	5563.3	86.2	1.6
福　建	5981.7	6005.4	23.7	0.4
江　西	5886.9	5886.4	−0.5	−0.0
山　东	6329.1	6444.3	115.2	1.8
河　南	6096.5	6237.2	140.7	2.3
湖　北	5858.2	5912.8	54.6	0.9
湖　南	6366.8	6444.1	77.3	1.2
广　东	5548.4	5742.7	194.3	3.5
广　西	4899.1	4848.9	−50.2	−1.0
海　南	5142.1	5316.9	174.8	3.4
重　庆	5349.0	5377.7	28.7	0.5
四　川	5576.0	5571.5	−4.6	−0.1
贵　州	3867.2	3880.0	12.7	0.3
云　南	4456.8	4489.1	32.2	0.7
西　藏	5652.8	5624.2	−28.6	−0.5
陕　西	4078.5	4105.2	26.7	0.7
甘　肃	4352.8	4504.2	151.4	3.5
青　海	3664.2	3766.6	102.4	2.8
宁　夏	5336.3	5508.9	172.6	3.2
新　疆	6776.9	6929.9	152.9	2.3

注：东部地区包括：北京、天津、河北、上海、江苏、浙江、福建、山东、广东、海南 10 省市；中部地区包括：山西、安徽、江西、河南、湖北、湖南 6 省；西部地区包括：重庆、四川、贵州、云南、西藏、陕西、甘肃、青海、宁夏、新疆、内蒙古、广西 12 省区市；东北地区包括：辽宁、吉林、黑龙江 3 省。

数据来源：国家统计局统计资料。

7. 2019 年各地区粮食及油料播种面积和产量 (一)

单位：千公顷，万吨，公斤 / 公顷

地 区	粮食			稻谷		
	播种面积	总 产 量	每公顷产量	播种面积	总 产 量	每公顷产量
全国总计	116063.6	66384.3	5719.7	29693.5	20961.4	7059.2
东部地区	24899.8	15622.2	6274.0	5777.5	4292.4	7429.5
中部地区	34037.8	19968.4	5866.5	12616.3	8681.1	6880.9
西部地区	33654.2	16982.9	5046.3	6139.6	4232.4	6893.6
东北地区	23471.8	13810.9	5884.0	5160.1	3755.5	7277.9
北　京	46.5	28.8	6183.1	0.1	0.1	6651.6
天　津	339.3	223.3	6580.4	45.5	42.9	9424.9
河　北	6469.2	3739.2	5780.1	78.2	48.7	6223.8
山　西	3126.2	1361.8	4356.1	2.5	1.8	6930.0
内蒙古	6827.5	3652.5	5349.8	160.7	136.2	8472.4
辽　宁	3488.7	2430.0	6965.2	507.1	434.8	8574.5
吉　林	5644.9	3877.9	6869.8	840.4	657.2	7819.8
黑龙江	14338.1	7503.0	5232.9	3812.6	2663.5	6986.0
上　海	117.4	95.9	8170.4	103.7	88.0	8494.0
江　苏	5381.5	3706.2	6887.0	2184.3	1959.6	8971.5
浙　江	977.4	592.1	6058.2	627.5	462.1	7363.3
安　徽	7287.0	4054.0	5563.3	2509.0	1630.0	6496.5
福　建	822.4	493.9	6005.4	599.2	388.8	6488.1
江　西	3665.1	2157.5	5886.4	3346.2	2048.3	6121.3
山　东	8312.8	5357.0	6444.3	115.6	100.7	8709.0
河　南	10734.5	6695.4	6237.2	616.6	512.5	8311.7
湖　北	4608.6	2725.0	5912.8	2286.8	1877.1	8208.4
湖　南	4616.4	2974.8	6444.1	3855.2	2611.5	6774.0
广　东	2160.6	1240.8	5742.7	1793.7	1075.1	5993.6
广　西	2747.0	1332.0	4848.9	1712.9	992.0	5791.0
海　南	272.6	145.0	5316.9	229.7	126.5	5507.2
重　庆	1999.3	1075.2	5377.7	655.1	487.00	7433.6
四　川	6279.3	3498.5	5571.5	1870.0	1469.8	7860.0
贵　州	2709.4	1051.2	3880.0	664.7	423.8	6376.1
云　南	4165.8	1870.0	4489.1	841.5	534.0	6345.8
西　藏	184.8	103.9	5624.2	0.8	0.4	5594.9
陕　西	2998.9	1231.1	4105.2	105.3	80.4	7631.3
甘　肃	2581.1	1162.6	4504.2	3.6	2.1	5942.6
青　海	280.2	105.5	3766.6	0.0	0.0	0.0
宁　夏	677.4	373.2	5508.9	68.1	55.1	8095.0
新　疆	2203.6	1527.1	6929.9	56.9	51.6	9068.9

注：东部地区包括：北京、天津、河北、上海、江苏、浙江、福建、山东、广东、海南 10 省市；中部地区包括：山西、安徽、江西、河南、湖北、湖南 6 省；西部地区包括：重庆、四川、贵州、云南、西藏、陕西、甘肃、青海、宁夏、新疆、内蒙古、广西 12 省区市；东北地区包括：辽宁、吉林、黑龙江 3 省。

数据来源：国家统计局统计资料。

7. 2019 年各地区粮食及油料播种面积和产量 (二)

单位：千公顷，万吨，公斤 / 公顷

地区	小麦			玉米		
	播种面积	总产量	每公顷产量	播种面积	总产量	每公顷产量
全国总计	23727.7	13359.6	5630.4	41284.1	26077.9	6316.7
东部地区	8873.5	5436.2	6126.4	8202.0	5074.7	6187.1
中部地区	10143.6	6026.1	5940.8	7873.5	4376.8	5559.0
西部地区	4649.3	1874.4	4031.5	12439.4	7756.8	6235.7
东北地区	61.3	22.9	3732.5	12769.2	8869.5	6946.0
北　京	8.0	4.4	5485.3	33.7	22.8	6781.7
天　津	101.1	60.5	5980.0	180.8	115.2	6371.7
河　北	2322.5	1462.6	6297.4	3408.2	1986.6	5829.0
山　西	546.8	226.2	4137.0	1715.0	939.4	5477.3
内蒙古	538.0	182.7	3395.3	3776.3	2722.3	7209.0
辽　宁	2.4	1.4	5775.0	2675.0	1884.4	7044.6
吉　林	2.9	1.1	3775.5	4219.6	3045.3	7217.0
黑龙江	56.0	20.4	3643.1	5874.6	3939.8	6706.5
上　海	10.0	5.8	5801.2	1.6	1.1	6794.9
江　苏	2346.9	1317.5	5613.8	504.2	311.1	6169.2
浙　江	82.7	32.4	3917.0	76.4	32.3	4229.1
安　徽	2835.6	1656.9	5843.2	1196.5	642.8	5372.5
福　建	0.1	0.0	2661.7	30.5	13.4	4407.4
江　西	14.4	3.0	2111.1	46.5	19.8	4258.1
山　东	4001.8	2552.9	6379.5	3846.5	2536.5	6594.5
河　南	5706.7	3741.8	6556.9	3801.3	2247.4	5912.1
湖　北	1017.7	390.7	3838.7	727.5	307.2	4222.7
湖　南	22.4	7.5	3370.6	386.6	220.3	5698.4
广　东	0.4	0.2	3571.4	120.2	55.6	4626.7
广　西	3.0	0.5	1584.2	580.1	261.2	4502.5
海　南	0.0	0.0	0.0	0.0	0.0	0.0
重　庆	21.0	6.9	3287.7	438.3	249.5	5692.9
四　川	611.1	246.2	4028.2	1844.0	1062.1	5760.0
贵　州	137.2	33.0	2403.4	530.6	232.3	4378.1
云　南	328.9	71.9	2186.1	1782.4	920.0	5161.6
西　藏	32.3	19.2	5932.6	4.7	2.6	5457.7
陕　西	965.9	382.0	3955.2	1177.1	609.6	5178.9
甘　肃	739.9	281.1	3799.0	987.9	594.1	6014.0
青　海	102.4	40.3	3934.2	21.0	14.2	6762.0
宁　夏	107.8	34.6	3211.5	299.8	230.5	7688.1
新　疆	1061.6	576.0	5426.1	997.2	858.4	8607.8

注：东部地区包括：北京、天津、河北、上海、江苏、浙江、福建、山东、广东、海南 10 省市；中部地区包括：山西、安徽、江西、河南、湖北、湖南 6 省；西部地区包括：重庆、四川、贵州、云南、西藏、陕西、甘肃、青海、宁夏、 新疆、内蒙古、广西 12 省区市；东北地区包括：辽宁、吉林、黑龙江 3 省。

数据来源：国家统计局统计资料。

7. 2019 年各地区粮食及油料播种面积和产量（三）

单位：千公顷，万吨，公斤／公顷

地 区	大豆			油料		
	播种面积	总产量	每公顷产量	播种面积	总产量	每公顷产量
全国总计	9331.7	1809.2	1938.7	12925.4	3493.0	2702.4
东部地区	633.5	170.3	2688.1	1932.7	677.2	3503.9
中部地区	1593.9	305.2	1915.1	5483.0	1494.5	2725.6
西部地区	2396.0	461.5	1926.1	4907.1	1130.3	2303.4
东北地区	4708.4	872.2	1852.4	602.5	191.0	3169.9
北 京	1.4	0.3	2019.1	1.2	0.3	2483.8
天 津	5.1	1.0	2027.2	1.1	0.4	3665.2
河 北	93.5	23.0	2463.2	364.5	119.5	3279.8
山 西	129.1	21.5	1662.5	99.8	13.7	1373.3
内蒙古	1189.8	226.0	1899.3	930.9	228.7	2456.5
辽 宁	83.9	21.3	2535.0	293.5	97.7	3327.8
吉 林	345.0	70.1	2032.5	257.4	81.8	3177.6
黑龙江	4279.5	780.8	1824.5	51.6	11.5	2234.3
上 海	0.7	0.2	2739.7	2.8	0.8	2850.0
江 苏	191.8	51.3	2674.5	283.2	94.3	3331.1
浙 江	90.2	23.4	2590.5	140.4	31.9	2274.8
安 徽	636.2	95.7	1504.5	528.2	161.4	3055.5
福 建	32.7	9.1	2770.2	77.5	22.0	2842.9
江 西	108.8	26.4	2428.3	677.1	120.8	1783.9
山 东	183.5	52.4	2852.4	682.2	289.0	4235.8
河 南	394.7	98.2	2488.4	1533.9	645.5	4207.8
湖 北	211.7	34.6	1634.1	1278.6	313.9	2455.4
湖 南	113.3	28.8	2543.7	1365.5	239.2	1751.7
广 东	32.6	9.0	2775.6	348.3	110.2	3164.8
广 西	93.9	14.9	1583.8	253.6	71.6	2824.0
海 南	1.9	0.6	3232.9	31.6	8.7	2750.8
重 庆	96.9	20.0	2060.6	329.9	65.2	1975.8
四 川	402.0	94.7	2355.0	1495.1	367.4	2457.0
贵 州	191.8	18.5	962.4	598.1	103.0	1722.2
云 南	185.2	46.0	2483.8	314.1	62.5	1990.4
西 藏	0.0	0.0	1952.3	21.5	5.7	2654.6
陕 西	151.1	23.4	1548.2	273.9	60.1	2193.9
甘 肃	41.4	6.8	1650.2	290.0	63.2	2178.5
青 海	0.0	0.0	0.0	142.3	28.9	2030.2
宁 夏	4.9	0.6	1267.9	39.0	7.7	1964.6
新 疆	39.0	10.7	2743.8	218.6	66.4	3037.7

注：东部地区包括：北京、天津、河北、上海、江苏、浙江、福建、山东、广东、海南10省市；中部地区包括：山西、安徽、江西、河南、湖北、湖南6省；西部地区包括：重庆、四川、贵州、云南、西藏、陕西、甘肃、青海、宁夏、新疆、内蒙古、广西等12省区市；东北地区包括：辽宁、吉林、黑龙江3省。

数据来源：国家统计局统计资料。

8. 2019 年各地区粮油产量及人均占有量排序

单位：万吨，公斤

地区	粮食产量		粮食人均占有量		油料产量		油料人均占有量	
	绝对数	位次	绝对数	位次	绝对数	位次	绝对数	位次
全国总计	66384.3		474.9		3493.0		25.0	
北 京	28.8	31	13.4	31	0.3	31	0.1	31
天 津	223.3	26	143.0	26	0.4	30	0.3	30
河 北	3739.2	6	493.7	10	119.5	9	15.8	17
山 西	1361.8	16	365.7	18	13.7	24	3.7	27
内蒙古	3652.5	8	1439.8	2	228.7	6	90.1	1
辽 宁	2430.0	12	557.9	7	97.7	12	22.4	14
吉 林	3877.9	5	1437.7	3	81.8	14	30.3	7
黑龙江	7503.0	1	1994.3	1	11.5	25	3.1	28
上 海	95.9	30	39.5	30	0.8	29	0.3	29
江 苏	3706.2	7	459.8	13	94.3	13	11.7	21
浙 江	592.1	23	102.2	29	31.9	21	5.5	26
安 徽	4054.0	4	639.0	5	161.4	7	25.4	12
福 建	493.9	24	124.8	27	22.0	23	5.6	25
江 西	2157.5	13	463.3	11	120.8	8	25.9	11
山 东	5357.0	3	532.6	9	289.0	4	28.7	8
河 南	6695.4	2	695.8	4	645.5	1	67.1	2
湖 北	2725.0	11	460.1	12	313.9	3	53.0	3
湖 南	2974.8	10	430.6	15	239.2	5	34.6	6
广 东	1240.8	18	108.5	28	110.2	10	9.6	23
广 西	1332.0	17	269.5	23	71.6	15	14.5	19
海 南	145.0	27	154.3	25	8.7	26	9.3	24
重 庆	1075.2	21	345.4	19	65.2	17	20.9	15
四 川	3498.5	9	418.6	16	367.4	2	44.0	5
贵 州	1051.2	22	291.1	22	103.0	11	28.5	9
云 南	1870.0	14	386.1	17	62.5	19	12.9	20
西 藏	103.9	29	299.3	21	5.7	28	16.4	16
陕 西	1231.1	19	318.1	20	60.1	20	15.5	18
甘 肃	1162.6	20	440.0	14	63.2	18	23.9	13
青 海	105.5	28	174.3	24	28.9	22	47.7	4
宁 夏	373.2	25	539.7	8	7.7	27	11.1	22
新 疆	1527.1	15	609.6	6	66.4	16	26.5	10

数据来源：国家统计局统计资料。

9. 2019 年各地区人均粮食占有量

单位：公斤／人

地 区	粮 食	其中：谷物	稻 谷	小 麦	玉 米	大 豆
全国总计	474.9	439.1	150.0	95.6	186.6	12.9
北 京	13.4	12.9	0.0	2.0	10.6	0.1
天 津	143.0	141.7	27.5	38.7	73.8	0.7
河 北	493.7	470.9	6.4	193.1	262.3	3.0
山 西	365.7	340.2	0.5	60.8	252.3	5.8
内蒙古	1439.8	1285.8	53.7	72.0	1073.1	89.1
辽 宁	557.9	545.4	99.8	0.3	432.7	4.9
吉 林	1437.7	1397.4	243.6	0.4	1129.0	26.0
黑龙江	1994.3	1768.4	708.0	5.4	1047.2	207.5
上 海	39.5	39.3	36.3	2.4	0.4	0.1
江 苏	459.8	448.1	243.1	163.5	38.6	6.4
浙 江	102.2	91.2	79.8	5.6	5.6	4.0
安 徽	639.0	620.2	256.9	261.1	101.3	15.1
福 建	124.8	102.0	98.3	0.0	3.4	2.3
江 西	463.3	445.0	439.8	0.7	4.3	5.7
山 东	532.6	517.3	10.0	253.8	252.2	5.2
河 南	695.8	678.5	53.3	388.9	233.6	10.2
湖 北	460.1	435.6	317.0	66.0	51.9	5.8
湖 南	430.6	412.1	378.0	1.1	31.9	4.2
广 东	108.5	99.0	94.0	0.0	4.9	0.8
广 西	269.5	254.7	200.7	0.1	52.8	3.0
海 南	154.3	134.7	134.6	0.0	0.0	0.7
重 庆	345.4	241.1	156.4	2.2	80.2	6.4
四 川	418.6	338.0	175.9	29.5	127.1	11.3
贵 州	291.1	199.1	117.4	9.1	64.3	5.1
云 南	386.1	326.1	110.2	14.8	189.9	9.5
西 藏	299.3	293.6	1.2	55.3	7.4	0.0
陕 西	318.1	286.3	20.8	98.7	157.5	6.0
甘 肃	440.0	349.3	0.8	106.4	224.9	2.6
青 海	174.3	114.3	0.0	66.5	23.4	0.0
宁 夏	539.7	479.4	79.7	50.1	333.3	0.9
新 疆	609.6	597.3	20.6	230.0	342.7	4.3

数据来源：国家统计局统计资料。

10. 2019 年各地区人均农产品占有量

单位：公斤 / 人

地区	粮食	棉花	油料	糖料	水果	水产品
全国总计	474.9	4.2	25.0	87.1	196.0	46.4
北　京	13.4	0.0	0.1	0.0	27.8	1.4
天　津	143.0	1.2	0.3	0.0	36.8	16.8
河　北	493.7	3.0	15.8	8.5	183.7	13.1
山　西	365.7	0.1	3.7	0.0	231.7	1.2
内蒙古	1439.8	0.0	90.1	248.2	110.5	5.0
辽　宁	557.9	0.0	22.4	3.3	188.4	104.5
吉　林	1437.7	0.0	30.3	1.1	57.1	8.8
黑龙江	1994.3	0.0	3.1	11.1	43.8	17.2
上　海	39.5	0.0	0.3	0.2	19.8	11.6
江　苏	459.8	0.2	11.7	0.9	122.0	60.1
浙　江	102.2	0.1	5.5	7.7	128.4	99.5
安　徽	639.0	0.9	25.4	1.7	111.3	36.5
福　建	124.8	0.0	5.6	6.6	183.8	205.9
江　西	463.3	1.4	25.9	13.4	148.9	55.6
山　东	532.6	1.9	28.7	0.0	282.4	81.8
河　南	695.8	0.3	67.1	1.2	269.1	10.3
湖　北	460.1	2.4	53.0	4.7	170.6	79.3
湖　南	430.6	1.2	34.6	4.9	153.7	36.8
广　东	108.5	0.0	9.6	125.5	154.7	75.8
广　西	269.5	0.0	14.5	1515.4	500.1	69.2
海　南	154.3	0.0	9.3	121.9	485.5	183.3
重　庆	345.4	0.0	20.9	2.6	153.0	17.4
四　川	418.6	0.0	44.0	4.5	136.0	17.8
贵　州	291.1	0.0	28.5	17.4	122.4	6.7
云　南	386.1	0.0	12.9	324.1	177.6	13.1
西　藏	299.3	0.0	16.4	0.0	6.9	0.1
陕　西	318.1	0.2	15.5	0.0	520.1	4.4
甘　肃	440.0	1.2	23.9	10.0	268.7	0.5
青　海	174.3	0.0	47.7	0.1	6.1	3.1
宁　夏	539.7	0.0	11.1	0.2	374.1	22.8
新　疆	609.6	199.7	26.5	177.8	640.6	6.7

数据来源：国家统计局统计资料。

11. 2019 年分地区粮食产业主要经济指标情况

单位：亿元

项目	工业总产值	销售收入	利税总额	利润总额
全国总计	31490.1	31786.3	2950.4	2423.7
北　京	262.2	416.6	55.8	43.9
天　津	425.7	479.7	19.8	15.0
河　北	1146.2	1041.3	43.8	39.9
山　西	311.3	284.1	53.7	41.6
内蒙古	451.1	453.2	34.6	31.3
辽　宁	880.0	819.3	37.1	31.3
吉　林	577.1	589.0	−4.4	−6.4
黑龙江	1161.8	1173.5	18.5	19.0
上　海	263.1	345.8	19.2	15.2
江　苏	2797.4	2894.0	242.5	187.7
浙　江	703.9	679.3	47.7	36.0
安　徽	2605.6	2461.0	164.5	135.9
福　建	800.8	779.0	84.6	79.1
江　西	981.4	908.3	36.1	31.4
山　东	4211.9	4462.9	159.2	123.6
河　南	2236.0	2089.8	108.9	94.7
湖　北	2060.5	1871.4	129.2	103.6
湖　南	1558.3	1370.5	72.6	58.0
广　东	2263.8	2468.3	170.2	140.1
广　西	867.6	866.6	25.5	19.0
海　南	95.7	107.0	1.7	1.6
重　庆	275.4	294.8	12.7	11.1
四　川	2015.2	2345.5	499.4	393.0
贵　州	1267.6	1292.5	849.5	715.5
云　南	225.4	305.5	18.7	14.2
西　藏	9.2	10.2	2.1	1.8
陕　西	461.8	407.7	22.6	21.7
甘　肃	146.9	103.4	9.8	7.7
青　海	20.4	23.5	1.0	0.9
宁　夏	116.6	128.7	6.3	5.8
新　疆	290.5	313.8	7.6	10.6

数据来源：国家粮食和物资储备局统计资料。

12. 2019 年分地区粮食产业生产能力汇总

单位：万吨

项目	年处理小麦	年处理稻谷	年处理玉米	年处理油料	年精炼油脂	年生产饲料
全国总计	19982.8	37401.3	1465.7	16862.8	6514.9	34459.4
北　京	137.8	84.5	0.6	8.4	6.0	278.8
天　津	121.1	64.0	—	537.8	319.6	257.2
河　北	1847.6	183.1	77.4	572.6	175.5	1100.4
山　西	327.8	0.8	30.0	7.7	2.6	628.7
内蒙古	228.1	133.0	41.3	177.0	45.6	692.8
辽　宁	99.5	1877.5	129.8	770.4	131.3	2276.9
吉　林	17.0	1777.5	112.6	174.0	37.2	854.8
黑龙江	208.6	7047.1	252.7	881.6	188.3	1122.7
上　海	45.0	145.8	—	62.7	108.1	151.7
江　苏	1610.9	3297.0	10.5	2527.3	1009.8	1830.2
浙　江	193.9	669.9	22.4	423.8	154.5	750.0
安　徽	1988.2	4442.0	146.8	474.5	259.2	1590.5
福　建	230.5	660.3	4.8	516.5	181.5	1344.1
江　西	0.3	3457.7	12.6	114.5	171.6	1815.8
山　东	4387.1	230.0	208.1	2541.7	739.3	4863.4
河　南	5419.5	975.4	209.8	931.4	361.0	1827.6
湖　北	705.7	5494.6	75.4	1304.9	528.7	1615.4
湖　南	30.3	3051.1	22.2	434.7	279.7	2111.1
广　东	486.1	743.9	24.6	1466.5	651.6	3721.1
广　西	24.8	581.6	—	1233.1	350.7	1750.1
海　南	—	24.7	—	0.0	0.9	292.6
重　庆	11.5	371.2	—	73.1	79.3	424.4
四　川	217.0	1108.4	5.5	660.9	311.3	1660.0
贵　州	5.3	282.1	2.0	107.3	35.1	174.0
云　南	68.9	280.2	2.9	43.2	39.1	444.6
西　藏	3.5	—	—	0.7	0.2	1.8
陕　西	524.4	132.6	31.8	202.5	106.1	324.5
甘　肃	320.6	4.0	1.5	30.4	10.4	175.9
青　海	26.4	—	0.3	119.6	45.7	22.6
宁　夏	149.1	228.2	0.1	45.4	25.9	162.1
新　疆	546.8	53.4	40.1	418.7	159.2	193.6

数据来源：国家粮食和物资储备局统计资料。

13. 粮食成本收益变化情况（1991~2019 年）

单位：元

年份	每50公斤平均出售价格				每亩总成本				每亩净利润			
	粮食平均	稻谷	小麦	玉米	粮食平均	稻谷	小麦	玉米	粮食平均	稻谷	小麦	玉米
1991	26.1	28.5	30.0	21.1	153.9	188.4	138.4	135.3	34.3	62.4	6.3	34.0
1992	28.4	29.3	33.1	24.3	163.8	192.3	149.3	150.6	44.0	67.7	21.2	42.3
1993	35.8	40.4	36.5	30.2	178.6	211.2	169.8	155.2	92.3	145.1	35.6	95.8
1994	59.4	71.2	56.5	48.2	239.4	298.1	213.2	206.7	190.7	316.7	82.3	173.3
1995	75.1	82.1	75.4	67.0	321.8	391.4	281.7	292.2	223.9	311.1	130.5	230.1
1996	72.3	80.6	81.0	57.2	388.7	458.3	359.5	351.2	155.7	247.5	92.9	123.8
1997	65.1	69.4	70.1	55.8	386.1	450.2	349.5	358.4	105.4	171.8	74.8	69.8
1998	62.1	66.9	66.6	53.8	383.9	437.4	357.5	356.6	79.3	155.9	−6.2	88.2
1999	53.0	56.6	60.4	43.7	370.7	425.2	351.5	337.2	25.6	75.8	−12.1	11.2
2000	48.4	51.7	52.9	42.8	356.2	401.7	352.5	330.6	−3.2	50.1	−28.8	−6.9
2001	51.5	53.7	52.5	48.3	350.6	400.5	323.6	327.9	39.4	81.4	−27.5	64.3
2002	49.2	51.4	51.3	45.6	370.4	415.8	342.7	351.6	4.9	37.6	−52.7	30.8
2003	56.5	60.1	56.4	52.7	368.3	419.1	339.6	347.6	42.9	94.9	−30.3	62.8
2004	70.7	79.8	74.5	58.1	395.5	454.6	355.9	375.7	196.5	285.1	169.6	134.9
2005	67.4	77.7	69.0	55.5	425.0	493.3	389.6	392.3	122.6	192.7	79.4	95.5
2006	72.0	80.6	71.6	63.4	444.9	518.2	404.8	411.8	155.0	202.4	117.7	144.8
2007	78.8	85.2	75.6	74.8	481.1	555.2	438.6	449.7	185.2	229.1	125.3	200.8
2008	83.5	95.1	82.8	72.5	562.4	665.1	498.6	523.5	186.4	235.6	164.5	159.2
2009	91.3	99.1	92.4	82.0	630.3	716.7	592.0	582.3	162.4	217.6	125.5	144.2
2010	103.8	118.0	99.0	93.6	672.7	766.6	618.6	632.6	227.2	309.8	132.2	239.7
2011	115.4	134.5	104.0	106.1	791.2	897.0	712.3	764.2	250.8	371.3	117.9	263.1
2012	119.9	138.1	108.3	111.1	936.4	1055.1	830.4	924.2	168.4	285.7	21.3	197.7
2013	121.1	136.5	117.8	108.8	1026.2	1151.1	914.7	1012.0	72.9	154.8	−12.8	77.5
2014	124.4	140.6	120.6	111.9	1068.6	1176.6	965.1	1063.9	124.8	204.8	87.8	81.8
2015	116.3	138.0	116.4	94.2	1090.0	1202.1	984.3	1083.7	19.6	175.4	17.4	−134.2
2016	108.4	136.8	111.6	77.0	1093.6	1201.8	1012.5	1065.6	−80.3	142.0	−82.2	−299.7
2017	111.6	137.9	116.6	82.2	1081.6	1210.2	1007.6	1026.5	−12.5	132.6	6.1	−175.8
2018	109.7	129.4	112.2	87.8	1093.8	1223.6	1012.9	1044.8	−85.6	65.9	−159.4	−163.3
2019	109.4	127.2	112.3	89.6	1108.9	1241.8	1028.9	1055.7	−30.5	20.4	15.1	−126.8

数据来源：国家发展和改革委员会统计资料。

14. 国有粮食企业主要粮食品种收购量（2005~2019 年）

单位：原粮，万吨

年份	合计	小麦	稻谷	玉米	大豆	其他
2005	12617.45	3745.20	3695.95	4529.90	506.00	140.40
2006	13199.30	6039.95	3096.25	3424.70	492.20	146.20
2007	11039.30	4733.15	2856.95	3008.30	321.45	119.45
2008	17008.00	6712.70	5142.10	4754.20	313.40	85.60
2009	16386.50	6833.95	3800.95	4988.45	653.00	110.15
2010	13352.15	6177.70	3082.10	3333.65	648.80	109.90
2011	12672.05	4650.40	4028.70	3428.10	465.65	99.20
2012	13498.40	4871.40	3709.30	4260.90	563.90	92.90
2013	18630.90	4023.80	5722.90	8472.70	317.20	94.30
2014	20656.75	5779.05	5497.55	8995.50	317.05	67.60
2015	26122.90	5095.30	5787.10	15046.60	140.10	53.80
2016	22514.25	5939.75	6114.80	10331.50	66.55	61.65
2017	16397.40	5250.15	5144.25	5801.65	145.65	55.70
2018	12594.50	3119.25	5011.30	4218.10	175.35	70.50
2019	14872.47	5234.86	4286.22	5126.93	151.68	72.78

数据来源：国家粮食和物资储备局统计资料。

数据来源：国家粮食和物资储备局统计资料。

15. 国有粮食企业主要粮食品种销售量（2005~2019 年）

单位：原粮，万吨

年份	合计	小麦	稻谷	玉米	大豆	其他
2005	13275.10	4276.90	3693.55	4348.75	841.70	114.20
2006	13209.30	4246.10	3846.50	4133.20	847.60	135.90
2007	14230.60	5104.00	4168.35	3890.35	892.75	175.15
2008	16635.80	7352.90	4430.90	3985.40	755.90	110.70
2009	17974.45	7094.20	4335.35	5261.40	1145.75	137.75
2010	20280.35	7569.00	4416.85	6454.75	1662.95	176.80
2011	20513.80	7342.20	5200.80	5839.05	1992.20	139.55
2012	18154.70	6929.95	4296.05	4548.00	2188.10	192.60
2013	20814.20	7623.60	4435.80	6179.65	2418.00	157.15
2014	22860.05	6124.95	5586.30	8226.25	2618.10	304.45
2015	20400.50	5616.00	5717.30	5639.40	2704.60	723.20
2016	26906.30	5957.70	6867.90	10523.15	2950.60	606.95
2017	33269.60	6769.25	7374.95	14270.95	4210.55	643.90
2018	40183.00	6687.50	7863.05	20953.95	4144.95	1883.55
2019	35121.09	6695.43	8554.58	14673.83	4782.98	414.26

数据来源：国家粮食和物资储备局统计资料。

16. 全国粮油进口情况（2001~2019 年）

单位：万吨

年份	粮食	谷物					大豆	食用植物油	豆油	菜籽油	棕桐油	花生油
			小麦	大米	玉米	大麦						
2001	1950.4	344.3	73.9	26.9	3.9	236.8	1393.9	149.2	7.0	4.9	136.0	0.9
2002	1605.1	284.9	63.2	23.6	0.8	190.7	1131.4	266.3	87.0	7.8	169.5	0.4
2003	2525.8	208.0	44.7	25.7	0.1	136.3	2074.1	441.2	188.4	15.2	232.8	0.7
2004	3351.5	974.5	725.8	75.6	0.2	170.7	2023.0	529.1	251.6	35.3	239.0	0.0
2005	3647.0	627.1	353.9	51.4	0.4	217.9	2659.0	471.9	169.4	17.8	283.8	0.0
2006	3713.8	358.2	61.3	71.9	6.5	213.1	2823.7	581.3	154.3	4.4	418.7	0.0
2007	3731.0	155.5	10.1	48.8	3.5	91.3	3081.7	767.5	282.3	37.5	438.7	1.1
2008	4130.6	154.0	4.3	33.0	5.0	107.6	3743.6	752.8	258.6	27.0	464.7	0.6
2009	5223.1	315.0	90.4	35.7	8.4	173.8	4255.1	816.2	239.1	46.8	511.4	2.1
2010	6695.4	570.7	123.1	38.8	157.3	236.7	5479.8	687.2	134.1	98.5	431.4	6.8
2011	6390.0	544.6	125.8	59.8	175.4	177.6	5263.7	656.8	114.3	55.1	470.1	6.1
2012	8024.6	1398.2	370.1	236.9	520.8	252.8	5838.4	845.1	182.6	117.6	523.0	6.3
2013	8645.2	1458.1	553.5	227.1	326.6	233.5	6337.5	809.8	115.8	152.7	487.4	6.1
2014	10042.4	1951.0	300.4	257.9	259.9	541.3	7139.9	650.2	113.5	81.0	396.9	9.4
2015	12477.5	3270.4	300.6	337.7	473.0	1073.2	8169.2	676.5	81.8	81.5	431.2	12.8
2016	11467.6	2198.9	341.2	356.2	316.8	500.5	8391.3	552.8	56.0	70.0	315.7	10.7
2017	13061.5	2559.2	442.2	402.6	282.7	886.3	9552.6	577.3	65.3	75.7	346.5	10.8
2018	11554.8	1649.6	309.9	305.8	352.4	681.5	8803.1	629.0	54.9	129.5	357.2	12.8
2019	11144.4	1785.1	348.8	254.6	479.3	592.9	8851.1	953.3	82.6	161.5	561.2	19.4

数据来源：国家发展和改革委员会根据《海关统计》整理。

17. 全国粮油出口情况（2001~2019 年）

单位：万吨

年份	粮食	谷物				大豆	食用植物油	豆油	菜籽油
			小麦	大米	玉米				
2001	991.2	875.6	71.3	185.9	600.0	24.8	13.5	6.0	5.4
2002	1619.6	1482.2	97.7	198.2	1167.5	27.6	9.7	4.7	1.8
2003	2354.6	2194.7	251.4	260.5	1640.1	26.7	6.0	1.1	0.5
2004	620.4	473.4	108.9	89.8	232.4	33.5	6.5	1.9	0.5
2005	1182.3	1013.7	60.5	67.4	864.2	39.6	22.5	6.3	3.1
2006	774.4	605.2	151.0	124.0	309.9	37.9	39.9	11.8	14.5
2007	1169.5	986.7	307.3	134.3	492.1	45.6	16.6	6.6	2.2
2008	378.9	181.2	31.0	97.2	27.3	46.5	24.8	13.4	0.7
2009	328.3	131.7	24.5	78.0	13.0	34.6	11.4	6.9	0.9
2010	275.1	119.9	27.7	62.2	12.7	16.4	9.2	5.9	0.4
2011	287.5	116.4	32.8	51.6	13.6	20.8	12.2	5.1	0.3
2012	276.6	96.0	28.5	27.9	25.7	32.0	10.0	6.5	0.7
2013	243.1	94.7	27.8	47.8	7.8	20.9	11.5	9.0	0.6
2014	211.4	70.9	19.0	41.9	2.0	20.7	13.4	10.0	0.7
2015	163.5	47.8	12.2	28.7	1.1	13.4	13.5	10.4	0.5
2016	190.1	58.1	11.3	39.5	0.4	12.7	11.3	8.0	0.5
2017	280.2	155.7	18.3	119.7	8.6	11.2	20.0	13.3	2.1
2018	365.9	238.7	28.6	208.9	1.2	13.4	29.5	21.8	1.5
2019	434.5	318.0	31.3	274.8	2.6	11.4	26.7	19.7	1.1

数据来源：国家发展和改革委员会根据《海关统计》整理。

18. 国民经济与社会发展总量指标（1978~2019 年）（一）

指标	单位	1978 年	1990 年	2000 年	2018 年	2019 年
人口						
年末总人口	万人	96259	114333	126743	139538	140005
城镇人口	万人	17245	30195	45906	83137	84843
乡村人口	万人	79014	84138	80837	56401	55162
就业和失业						
就业人员	万人	40152	64749	72085	77586	77471
城镇就业人员	万人	9514	17041	23151	43419	44247
城镇登记失业人员	万人	530	383	595	974	945
国民经济核算						
国内生产总值	亿元	3678.7	18872.9	100280.1	919281.1	990865.1
第一产业	亿元	1018.5	5017.2	14717.4	64745.2	70466.7
第二产业	亿元	1755.1	7744.1	45663.7	364835.2	386165.3
第三产业	亿元	905.1	6111.6	39899.1	489700.8	534233.1
人均国内生产总值	元	385	1663	7942	66006	70892
居民收入						
全国居民人均可支配收入	元	171	904	3721	28228	30733
城镇居民人均可支配收入	元	343	1510	6256	39251	42359
农村居民人均可支配收入	元	134	686	2282	14617	16021
财政						
一般公共预算收入	亿元	1132.3	2937.1	13395.2	183359.8	190382.2
一般公共预算支出	亿元	1122.1	3083.6	15886.5	220904.1	238874.0
能源						
能源生产总量	万吨标准煤	62770	103922	138570	377000	397000
能源消费总量	万吨标准煤	57144	98703	146964	464000	486000
固定资产投资						
全社会固定资产投资总额	亿元		4517.0	32917.7	645675.0	560874.3
房地产开发	亿元		253.3	4984.1	120164.7	132194.3
对外贸易和实际利用外资						
货物进出口总额	亿元	355.0	5560.1	39273.3	305010.1	315504.8
出口额	亿元	167.6	2985.8	20634.4	164128.8	172342.3
进口额	亿元	187.4	2574.3	18638.8	140881.3	143162.4
外商直接投资	亿美元		34.9	407.2	1349.7	1381.4
主要农业、工业产品产量						
粮食	万吨	30477	44624	46218	65789	66384
棉花	万吨	217	451	442	610	589
油料	万吨	522	1613	2955	3433	3493
肉类	万吨	943	2857	6014	8625	7759
原煤	亿吨	6.18	10.80	13.84	36.98	38.46
原油	万吨	10405	13831	16300	18932	19101
水泥	万吨	6524	20971	59700	223610	235012
粗钢	万吨	3178	6635	12850	92904	99634
发电量	亿千瓦小时	2566	6212	13556	71661	75034

数据来源：国家统计局统计资料。

18. 国民经济与社会发展总量指标（1978~2019 年）（二）

指标	单位	1978 年	1990 年	2000 年	2018 年	2019 年
建筑业						
建筑业总产值	亿元		1345	12498	225817	248446
消费品零售和旅游						
社会消费品零售总额	亿元	1559	8300	39106	380987	411649
入境游客	万人次	181	2746	8344	14120	14531
国际旅游收入	亿美元	2.6	22.2	162.2	1271.0	1312.5
运输和邮电						
客运量	万人	253993	772682	1478573	1793820	1760436
货运量	万吨	319431	970602	1358682	5152732	4706493
邮政业务总量	亿元	14.9	46.0	232.8	12345.2	16229.6
电信业务总量	亿元	19.2	109.6	4559.9	65633.9	106789.2
移动电话用户	万户		1.8	8453	156610	160134
固定电话用户	万户	193	685	14483	19209	19103
金融						
金融机构人民币各项						
存款余额	亿元	1155	13943	123804	1775226	1928785
金融机构人民币各项						
贷款余额	亿元	1890	17511	99371	1362967	1531123
科技、教育、卫生、文化						
研究与试验发展经费支出	亿元			896	19678	21737
技术市场成交额	亿元			651	17697	22398
在校学生数						
普通本、专科	万人	86	206	556	2831	3032
普通高中	万人	1553	717	1201	2375	2414
初中	万人	4995	3917	6256	4653	4827
普通小学	万人	14624	12241	13013	10339	10561
医院数	家	9293	14377	16318	33009	34354
医院床位数	万张	110	187	217	652	687
执业（助理）医师	万人	98	176	208	361	387
社会保障						
参加基本养老保险人数	万人		6166	13617	94293	96748
参加基本医疗保险人数	万人			3787	134459	135436
参加失业保险人数	万人			10408	19643	20543
参加工伤保险人数	万人			4350	23874	25474
参加生育保险人数	万人			3002	20434	21432
社会保险基金收入	亿元		187	2645	79255	82368

注：1. 本表价值量指标中，邮电业务总量 2000 年及以前按 1990 年不变价格计算，2018~2019 年邮政业务总量按 2010 年不变价格计算、电信业务总量按 2015 年不变价格计算；其余指标按当年价格计算。

2. 2019 年社会保障数据为快报数。2017 年及以后大部分省份参加新兴农村合作医疗的人员并入城乡居民基本医疗保险参保人数中；2016 年及以前主要为城镇基本医疗保险参保人数。

3. 2018 年和 2019 年社会消费品零售总额为快报数。

数据来源：国家统计局统计资料。

后　记

　　《中国粮食和物资储备发展报告》是国家粮食和物资储备局主编，经国家新闻出版管理部门批准出版，逐年编撰、连续出版的资料性年刊。主要聚焦粮食和物资储备重点难点问题，系统反映发展状况，客观展示历史足迹，为科学决策和理论研究提供参考，为社会了解粮食和物资储备发展状况提供帮助。《2020中国粮食和物资储备发展报告》（以下简称《报告》）增设了《中国的粮食安全》白皮书发表、庆祝中华人民共和国成立70周年系列活动、中央事权粮食政策执行和中央储备粮管理考核、2019年第二届中国粮食交易大会、第五届全国粮食行业职业技能竞赛等多个专栏，突出体现粮食和物资储备工作重点、亮点和创新点，全面展现2019年粮食和物资储备系统工作实绩与发展成果，收录了较为完备的行业统计资料。《报告》（包括附表）所有统计资料和数据均未包括我国香港特别行政区、澳门特别行政区和台湾地区。

　　《报告》在编写过程中得到了国家发展和改革委员会、农业农村部、国家统计局等有关部门的大力支持，参加《报告》编写工作的部门及单位有：国家发展和改革委员会农经司、经贸司、价格司，农业农村部种植业管理司，国家统计局综合司、农村司，国家粮食和物资储备局办公室、粮食储备司、物资储备司、能源储备司、法规体改司、规划建设司、财务审计司、安全仓储与科技司、执法督查局、外事司、人事司、信息化推进办公室、标准质量中心、中国粮食研究培训中心、国家粮油信息中心、粮食交易协调中心、科学研究院、国家石油储备中心、中国粮油学会等。

　　在此，谨向在《报告》编写过程中给予大力支持的领导、专家和同志们表示衷心的感谢！《报告》如有不妥之处，敬请批评指正。

《中国粮食和物资储备发展报告》编辑部

中国粮食研究培训中心

2020年9月18日